BRUNO JONAS

Ich Alter ego

Buch

Des Autors Gedanken über sein neues Kabarettstück:
Bisher hatte ich immer gedacht, ich wüßte, wer ich bin. Ich hatte das sichere Gefühl, zumindest der zu sein, für den ich mich hielt. Da ergab sich eine jener seltenen Gelegenheiten, mich kennenzulernen. Und siehe da, ich war nicht nur einer. Ich war mehrere, und es kamen ständig neue dazu. Und jetzt hoffe ich, daß ich mich so sehe, wie mich die anderen sehen. Und wer mich sehen will, der muß in mein Programm kommen. Ich bin da. Nur wer bin ich da?

Autor

Bruno Jonas wurde 1952 in Passau geboren. Seit 1975 ist er als Autor und Schauspieler für Theater und Kabaretts tätig, darunter vier Jahre lang als Mitglied der Münchner Lach- und Schießgesellschaft. Im Fernsehen wurde er als Darsteller in Serien und Auftritten im »Scheibenwischer«, vor allem durch seine eigene Sendung »Jonas« bekannt. 1992 erster Kinofilm: »Wir Enkelkinder« (Buch, Regie und Hauptdarsteller).
Fünf Kabarettsoloprogramme, darunter »Der Morgen davor« (1987), »Wirklich wahr« (1991) und »hin und zurück« (1995).
Jonas lebt in München.

BRUNO JONAS

Ich alter Ego

Mit Fotos
von Isolde Ohlbaum

GOLDMANN

Originalausgabe

Umwelthinweis
Alle bedruckten Materialien dieses Taschenbuches
sind chlorfrei und umweltschonend.

Der Goldmann Verlag
ist ein Unternehmen der Verlagsgruppe Bertelsmann

Originalausgabe Oktober 1998

Umschlaggestaltung: Design Team München
unter Verwendung eines Fotos von Isolde Ohlbaum
Satz: Uhl + Massopust, Aalen
Druck: Presse-Druck Augsburg
Verlagsnummer: 15015
Lektorat: Dr. Rolf Cyriax
KF · Herstellung: Sebastian Strohmaier
Made in Germany
ISBN 3-442-15015-9

1 3 5 7 9 10 8 6 4 2

Alter ego – Autor:

(Kommentiert sich selbst mit einem gekünstelten, näselnden hm.)

Guten Abend, meine Damen und Herren. – Sie werden mich nicht kennen, aber bestimmt haben Sie schon von mir gehört. Hm, hm, hm? – Ich heiße Johann Nepomuk Zugleich. Ich schreibe. – Fürs Kabarett. Hm. – Ja sicher! Aber nicht nur. Ich schreibe auch für Zeitschriften. Hm! Den *Gong*! Hm? Zum Beispiel. Für die *Passauer Neue Presse* habe ich auch schon geschrieben, hm, aber ich schreibe auch für Zeitungen. Hm, hm, Glossen, Kommentare, jaja – hie und da auch Aphorismen, also Nachdenkliches, hm. – Immer mit einem Schuß Humor und zum Schmunzeln.
Aber ich schreibe nicht nur für den gebildeten, aufgeklärten Deutschlehrer, ich schreibe auch Anspruchsvolles. Fürs Fernsehen – habe ich auch schon geschrieben. Kleine Geschichten, wie sie das Leben schreibt.
Das Leben ist so schöpferisch und gleichzeitig so real. Das Leben schreibt die besten Geschichten. Ist es nicht so? Hm, hm?
Ich will nicht abschweifen. Wo war ich stehengeblieben? Ach ja, richtig, Qualität. Das Fernsehen hat einen enor-

men Bedarf. Es ist gar nicht so schlecht, wie viele denken. Hm. Vielleicht haben Sie schon eine Geschichte von mir im Fernsehen gesehen? Ich habe eine halbe Folge der *Geliebten Schwestern* überarbeitet. Hm, hm? – Bestimmt haben Sie schon mal *Fliege* gesehen! Hm? Diese Schlagfertigkeit der Kandidaten, hm, hm, habe ich geschrieben. Diese Gags stammen von mir! Nein? – Ich bin mir sicher, Sie haben sie gesehen. Egal. Hm? – Ja. Nein, ich will Ihnen nichts vormachen. Sie sollen wissen, mit wem Sie es zu tun haben. Hm.

Entschuldigen Sie, muß ein Aspirin nehmen, habe fürchterliche Kopfschmerzen. Hm. Gestern Premierenfeier. Das neue Stück von Siebenbüschl. Hm. Hm. Sie wissen, von wem ich spreche? Hermann Siebenbüschl. »Das gläserne Eck.« Sie haben bestimmt davon gelesen. Die Hymne in der *MZ* von Friedrich C. Lobenstein. Hm? Er schreibt immer, wenn etwas von Siebenbüschl rauskommt. Hm? Hm?
Was mich an Siebenbüschl und seinen Stücken so fasziniert ist dieses Fehlen jeglicher Dramaturgie! Und die Verweigerung von Konsistenz! Nur wenige verfügen über die Kraft und den Mut, alles hinzuschreiben, was ihnen einfällt. Siebenbüschl gehört dazu. Hm, hm, hm. Ich kenne keinen anderen Dichter der Gegenwart, der so gehäuft Unverständliches zu Papier bringt wie Siebenbüschl und dabei doch so dicht bleibt. Ich meine, mit Siebenbüschl haben wir einen Dichter mit der dichtesten

Unverständlichkeit der Postmoderne. Dieser dickflüssige Gedankenstrom, der sich gleichsam wie zähe Hirnlava unaufhaltsam in den Zuschauerraum ergießt! Es gibt keinen besseren als Siebenbüschl. Diese andauernde Sinnverweigerung! Faszinierend! Mit der Einstellung: Ich erzähle euch etwas, aber ihr sollt es nicht verstehen können. Hm, hm, hm. Immer dieser Siebenbüschlsche Verdacht: Ich kann nicht schreiben, aber ich tue es. Literatur als Rätsel. Zuschauer, sag mir, was ich meine, ich weiß es selber nicht. Hm, hm, hm. Das ist das wirklich Revolutionäre und literarisch Umwerfende bei Siebenbüschl. Das immer gleiche Thema. Das Siebenbüschlsche Ego.

Unwissende werden diese Konsequenz boshaft als Schreibunfähigkeit abqualifizieren, dabei befinden wir uns exakt hier am Punkt Siebenbüschlscher Genialität. Hm. Nur wenige haben bisher diese Entschiedenheit in der Verweigerung so weit vorangetrieben wie Siebenbüschl. Und nur ganz wenige im Lande haben das erkannt. Die Leitung des Münchner Stadttheaters gehört dazu. Sie spielen ausnahmslos alles, was von Siebenbüschl kommt.

»Läuft hier ein Hirn aus?« fragte neulich ein Abonnent in einem Leserbrief einer Münchner Zeitung. Überall tiefste Provinz! Die Banausen sind auf dem Vormarsch! Nur einige wenige auserwählte Kritiker haben die Dimension des Siebenbüschlschen Werks erkannt und es gegen die

Dumpfheit bayerischer Rezeptionsästhetik verteidigt. Wie? Hm, hm? Hm?
Aber darum geht es heute abend nicht. Hm, hm, hm. Beziehungsweise nur am Rande.

Dennoch habe ich nichts unversucht gelassen, auch hin und wieder kleine Unverständlichkeiten in den Text mit einzubauen. Sie werden Ihre Freude haben. Leider gelingt es mir nicht immer, ähnlich Zusammenhangloses zu produzieren. Aber ich bemühe mich. Denn ist es nicht gerade das Nichtverstehen, das unsere Aufmerksamkeit erfordert? Ich finde, das Zusammenhanglose ist das eigentlich Aufregende. Viele fragen sich, wie macht der Autor das, wie bewerkstelligt er es, dieses hohe Niveau zu halten. Hie und da hört man vom exzessiven Lebensstil Siebenbüschls. Bier, Schnaps, Frauen. Warum nicht? Hochsensible Dichternaturen können sich nur schützen, wenn sie die Wahrnehmung dämpfen.

Ich weiß aus eigener Erfahrung: Die wirklich überzeugenden Sätze schreibt man in Abwesenheit. Hm, hm, hm. In einer Art Umnachtung. Meine besten Sachen habe ich alle im Rausch geschrieben. Zwischen dem 14. und 17. Weißbier. Und das waren auch bei Siebenbüschl immer jene letztlich ausschlaggebenden Stellen, die die Dramaturgen des Münchner Stadttheaters davon überzeugt haben, daß man seine Stücke ungesehen spielen sollte. – Hm, hm. Was inzwischen auch geschieht.

Wie nicht anders zu erwarten hat man auch seine Filmidee, den Bundeskanzler verschwinden zu lassen, sofort als geniale dramaturgische Ausgangssituation für einen Film im Theater aufgefaßt. Immer sind es diese einfachen, ja schlichten Grundideen, die große bleibende Kunst hervorbringen.

Manch kleiner Geist wird diese klare Idee vom Verschwinden des Kanzlers als kabarettistische Witzelei abtun, und nur wenige werden sie als genial erkennen. Ja, so ist das mit den Spießern, das wirklich Große wird ihnen immer fremd bleiben.

Nun aber zu dem heutigen Abend.

Ich bin der Autor dieses Kabarettstückes, auf das Sie alle mit Recht schon so sehnsüchtig warten. Man sieht es Ihnen an. Ihr Gesichtsausdruck verrät Sie. Sie lechzen nach der beißenden Pointe. Sie wollen Schärfe! Das Scharfe ist das, was Sie, was wir alle brauchen. Wir sind alle scharf auf das Scharfe.

Ich sitze ja auch manchmal unten und warte darauf, daß es mir gesagt wird. Und ich hoffe im stillen, daß es mir besorgt wird. Ich finde es aufregend. Gibt es im Theater etwas Schöneres, als wenn man von der Bühne herab – künstlerisch hochwertig – gesagt bekommt, was man für ein spießiges, kleines Arschloch ist?

Oh, wie gern lasse ich mich hinabziehen in die finstersten Abgründe menschlicher Existenz! Der höchste Genuß tritt ein, wenn mich der Ekel befällt und mir das blanke Kotzen kommt.

(Hat sich bei den letzten Sätzen ziemlich reingesteigert. Plötzlich merkt er, daß es wohl zu viel des Guten war, und hat sich urplötzlich wieder unter Kontrolle.)

Ja, ich darf ohne Übertreibung hier anmerken, daß dieses Stück, das ich für Sie geschrieben habe, zum Besten gehört, was überhaupt je geschrieben wurde. – Von mir. Ich habe es übrigens bereits Hermann Siebenbüschl zugeschickt. Er hat bisher nicht geantwortet. Wahrscheinlich steckt er gerade mitten in der Arbeit einer neuen Zusammenhanglosigkeit. Oder er ist sprachlos ob der Wucht meines Stückes. Hm, hm.

Ich muß Ihnen gestehen, es ist förmlich aus mir herausgeflossen, so als ob das Hirn offen gewesen wäre. Ich konnte mich gar nicht dagegen wehren. Es war eine Art Dammbruch, eine Überflutung. Ein Erguß, eine Befreiung. Hm, hm, hm.
Ich konnte gar nicht mehr aufhören. Wissen Sie, wenn ich schreibe, dann bin ich gar nicht ich selbst. Ich bin dann sozusagen außer mir und gleichzeitig tief drin in mir. Eine Art kreativer Koitus. Vergleichbar der Jungfernzeugung. Rein und unberührt, doch ungeheuer fruchtbar.

Ich habe alles reingeschrieben, was uns allen so wahnsinnig auf und manchem auch unter den Nägeln brennt.
Ich habe auch an Tabus gerührt, auch Tabus gebrochen. Beispielsweise bayerische Blasmusik hören. Ja, ich habe auch über den Neid der Erfolglosen geschrieben. Neid ist nichts anderes als negativ besetztes Lob. Sehen Sie, nun ist mir doch ein Aphorismus unterlaufen. Hm, hm, hm.

Ich habe mit meinem Röntgenblick – wie eine Kritikerin einmal so treffend geschrieben hat – die gesellschaftlichen Zustände durchleuchtet und die Wunden an die Finger gelegt. Ich habe es auch nicht versäumt, dezent durchscheinen zu lassen, daß ich ein Opfer meiner Sozialisation bin. Ich habe mich nicht gescheut, alle Arschlöcher beim Namen zu nennen.

Mir ist bei dieser Arbeit wieder einmal klargeworden, daß ich ein Opfer bin. Ein armes Schwein, das ein legitimes Recht auf Mitleid hat.

(Jetzt aber ganz traurig.)

Die kleine Stadt, in der ich aufgewachsen bin, hat mich zu dem gemacht, was ich heute bin. Hm. Die konzentrierte Macht von Kirche, CSU und Monopolzeitung war und ist mein Schicksal.

Ich konnte nicht anders. Ich mußte.
Ich wurde und bin, was ich immer war.

So war ich, was ich wurde.
Ich hatte nie eine Chance zu sein,
was ich hätte werden können.
Ich konnte und kann nicht anders.

(Am Schluß mit beruhigender Freude.)

Ich will nicht unbescheiden sein, aber ich habe mit diesem Stück Satire etwas geschaffen.
Und Sie werden mir recht geben müssen. Hier gähnt der menschliche Abgrund. Ich führe Sie an den Rand. Schauen Sie hinunter und ekeln Sie sich.

Ich habe es satt, gründlich satt, und es steht mir bis zum Hals, daß dieser Mensch – wie heißt er noch gleich? – Johann Nepomuk Gleichzu oder Zugleich, scheißegal, Sie müssen sich den Namen nicht merken, der vorgibt, Schauspieler zu sein, und der gleich – das wird sich leider nicht mehr verhindern lassen – meinen – ich will nicht übertreiben – mit Herzblut und Engagement geschriebenen Text aufsagen wird, versucht hat, sich meinen Text, wie er sagt, »mundgerecht zu machen«. Hm, hm.

Schon dieses Wort »mundgerecht«! Ich könnte ihn dafür ohrfeigen. Diese Sprechpuppe faselt von Mundgerechtigkeit! Ich habe alles ohrgerecht geschrieben. Und da kommt diese ungebildete präpotente Zunge…! In unzähligen mühsamen Diskussionen habe ich dieser Ram-

pensau versucht, klarzumachen, daß jedes Wort dieses Stückes wohlüberlegt hingeschrieben wurde und ich es daher nicht verstehen könne, wenn er meine Worte mit seinen Mundgerechtigkeiten verhunze. Diese blöde Sau! Ein Arschloch! Hm, hm, hm.
Er sei auch nur ein Opfer. Er könne nicht anders. Hm, hm. Also ich habe wirklich überlegt, ob ich nicht meinen Namen zurückziehen soll. Nun, nach eingehendem Nachdenken bin ich zu dem Schluß gekommen, daß es besser ist, Sie vorweg darüber zu informieren, daß ich mit dem nun folgenden weder textlich noch darstellerisch einverstanden bin.

Es wäre aus meiner Sicht zynisch, Ihnen einen unterhaltsamen Abend zu wünschen, deshalb möchte ich Sie nun mit einem herzlichen Beileid sich selbst überlassen. Tun Sie sich einen Gefallen und tun Sie sich leid!

(Der Autor geht ab. Es tritt auf der Regisseur.)

Alter ego-Regisseur:

(Zupft und fummelt ständig an seiner Nase herum. Außerdem zuckt und zwinkert er unaufhörlich. Der Mann scheint ein Nervenleiden zu haben.)

Als Regisseur will ich äh, ich will nicht lange – nur soviel, wir haben lange an dieser Fassung des Textes gearbeitet, der zunächst sehr wuchtig und literarisch überfrachtet mit ungeheuren Boshaftigkeiten im Ausdruck, ja, auch sehr verletzend und spannend, ja…

(Sein Handy klingelt.)

Moment! – Entschuldigung. – Ja?… Hm, ich verstehe… es ist nur jetzt… ich kann nicht weg… wie?… doch, ich nehme die Ware. Ich schicke meine Assistentin! Das Geld hat sie dabei. O. k. Tschau, tschau! –

(Jetzt wieder ans Publikum.)

Ich bin nicht abhängig! – Ich habe das im Griff. – Ich arbeite nur in letzter Zeit so viel und ein bißchen Koks – ein bißchen, nicht viel…

Ich versteh' den Autor, mit dem mich seit Jahren eine innige Freundschaft verbindet, ja, ich kann sagen, ich liebe ihn, aber ich versteh' auch mich. Ich verstehe jeden, am wenigsten versteh' ich manchmal mich, aber in so einer Arbeit ist es schön, wenn ich am Schluß begriffen habe, um was es mir gegangen ist.
Und schön ist, wenn wir uns alle verstehen. Das gelingt oft, manchmal, und manchmal oft auch nicht, aber das ist das Spannende an dieser Arbeit. Ja, es ist nun mal, grade im kreativen Bereich, daß man manchmal muß und man kann nicht, das gibt es überall, und schließlich merkt man, daß man anders können muß, weil nur das Können das Muß ist, das wirklich spannend ist.

Ich hatte die Aufgabe, diesen sehr, ja, spannenden Text einzurichten, zu inszenieren, ja, auch zu kürzen … sicher, das bringt die Arbeit mit sich, ein Autor ist da immer etwas in Mitleidenschaft gezogen, aber ich habe gesagt, ich kann diesen Text nur so machen, wie ich ihn machen würde und wie ich ihn, ja, auch höre, und ich höre ihn zwangsläufig anders als, ja, der Autor, und Sie hören ihn nun gleich von Johann Nepomuk Alles, der, das wissen wir alle, ja, aber er hat eine sehr eigenwillige und manchmal auch, ich will das gar nicht verschweigen, ja, sehr, sehr, sehr … ja!

Kabarett ist für mich …

Nein, lassen Sie mich es anders sagen, ich will es anders formulieren. Es ist diese Form des kabarettistischen Spiels ein bißchen, ja, verkommen. Es wurde zuviel gelacht. Zuwenig eingedrungen in die wirklichen Bereiche, die menschlichen Abgründe waren zugeschüttet mit, ja, Gags. Ich wollte ein wenig mehr Brechung, Irritation und auch, ja, Provokation.
Ich will das ja gar nicht verschweigen: Auch ich habe Probleme mit meinem Darsteller gehabt, ich will das gar nicht verschweigen, und ich teile die Meinung des Autors in einem Punkt. Er kann eine ziemlich egomane, ja, Sau sein. Der Kabarettist.

Ich hoffe für uns alle, daß ich heut nicht mehr unterbrechen muß. Wenn ich Ihnen jetzt viel Vergnügen wünsche, so meine ich das natürlich gebrochen. Sie würden mir einen großen Gefallen tun, wenn Sie auch bei der Rezeption gelegentlich diese ästhetische Gebrochenheit mitschwingen ließen. Nicht immer, das will ich gar nicht verlangen, aber hie und da. Ja.

(Der Regisseur geht ab. Der Darsteller tritt auf.)

Alter ego-Darsteller:

Ich wollte Ihnen nur so viel sagen. Sowohl der Autor als auch der Regisseur sind zwei ganz große Arschlöcher! Sie sind aber auch wieder ganz liebe Menschen. Ich versteh' sie beide. Sie haben beide eine unheimlich schwere Kindheit durchgemacht. Vor allem der Autor hat es unheimlich schwer gehabt. Hatte immer sehr verständnisvolle Eltern. Vater hat ihn immer unterstützt. Mutter hat ihn immer geliebt. Es war immer alles so harmonisch. Und liebevoll. Und der Vater war ein tolles Vorbild für ihn. Die Mutter hat ihm ein super Frauenbild vermittelt. Mutter hat von klein auf sein Lieblingsessen gekocht. Er ist richtig fertiggemacht worden. Hat ihn bis zum zwanzigsten Lebensjahr gestillt. Vater hat immer alles verstanden, was der Bub gemacht hat. Einmal wollte der Bub den Vater umbringen, in der ödipalen Phase, und hat ihm ein Küchenmesser in den Bauch gerammt. Also der Bub dem

Vater. Noch auf der Intensivstation hat ihm der Vater gesagt, daß das nur logisch war. Daß es in der ödipalen Phase ganz normal sei, wenn man seinen Vater umbringen will.
Der Vater hat ihn gelobt und gesagt: Super, daß du das gemacht hast. Für deine ödipale Phase war das optimal.

Beim Regisseur ist es ein bissel anders. Hatte sehr unselbständige Eltern, die nie gewußt haben, was man machen muß im Leben. Es war immer Geld da und immer zuviel. Schrecklich. Dauernd sind die Anlageberater in der Architektenvilla gesessen und haben die Eltern beraten, die mehrere Stadtviertel ihr eigen nannten. Aus lauter Verzweiflung, weil sie nicht gewußt haben, wohin mit dem Geld, hat der Bub schon früh das Koksen angefangen. Und hat mehrere Straßen durch die Nase gezogen.
Dadurch ist eine kleine Entlastung eingetreten. Aber es war nur ein kleiner Tropfen auf den heißen Stein. Irgendwann haben ihm dann die Eltern den Gefallen getan und sind gestorben, und er hat das ganze Vermögen geerbt. So ungerecht kann das Leben sein. Jetzt hat er das Problem mit dem vielen Geld. Aber er hat es in den Griff bekommen. Obwohl er nie eine Idee gehabt hat, ist er einfach Regisseur geworden. Und zwar ein unheimlich kritischer, gesellschaftskritischer und revolutionärer Regisseur. Er ist immer auf andere angewiesen, braucht immer jemand, der ihm sagt, was er inszenieren soll. Und das

bringt's voll. Alle haben gesagt, Mensch, das ist unser Mann.
Wir haben, wie man so sagt, sehr gut miteinander gekonnt. Ich habe ihm gesagt, wie er mich inszenieren soll, und er hat das unheimlich schnell angenommen, so daß ich das spiele, was *ich ihm* gesagt habe. *Ich* habe *ihn* als Regisseur inszeniert. Nur sieht diese Inszenierung niemand. Beziehungsweise wenn Sie spiegelverkehrt zuschauen, sehen Sie, wie ich den Regisseur inszeniert habe. So etwas kann ich nur jedem wünschen. Wir hatten eine Sternstunde zusammen. Ich darf Ihnen nun viel Spaß wünschen.

(Orientalische Musik. Gedudel und Geplimper. Zimbeln.

Vor der deutschen Botschaft in Kairo. Ich trete unsicher auf. Sieht so aus, als hätte ich Angst einzubrechen. Und es sieht nicht nur so aus.

Ich wende mich ängstlich ans Publikum.)

Der Boden ist doch hoffentlich in Ordnung? Hat der TÜV die Tragfähigkeit überprüft? Der Boden muß halten! Ich hab' keine Lust einzubrechen! Wissen Sie, ich habe immer ein bißchen Angst, daß der Boden nicht trägt. Verstehen Sie? Ich meine, es wäre für mich sehr beruhigend, wenn der Boden auch wirklich sicher wäre. Ich bewege mich gern auf sicherem Terrain. Einbrechen ist nicht meine Sache.

(Ich versuche, etwas fester aufzutreten.)

Der Boden scheint in Ordnung zu sein.
Und wie steht es mit den Fluchtwegen? Sind die auch breit genug? Das ist sehr wichtig. Man muß jederzeit gut rauskommen. Und feuerpolizeilich ist alles überprüft worden? Ich habe mit den verantwortlichen Damen und Herren dummerweise nicht sprechen können. Aber ich gehe davon aus, daß alles seine Ordnung hat.

(Ich rufe in eine Gegensprechanlage, die sich in halber Höhe befindet.)

Hallo! Machen Sie bitte auf! Hallo! Hört mich jemand? Sie hören mich, aber sie wollen mich nicht hören. Die da drin, in der deutschen Botschaft. Stellen sich blöd. Hocken in ihrer Botschaft und tun so, als täten sie nichts hören. Hallo! Sehr geschickt. Diese deutschen Diplomaten!

Das hier ist die deutsche Botschaft in Kairo. Schönes Gebäude, gell. Im maurischen Stil. Schmiedeeisernes Tor. Hoher zackiger Zaun. Überall Videoüberwachung. Man fühlt sich gleich daheim.

(Ich lächle in eine Kamera.)

Und die deutsche Fahne weht im Wind!
Hallo!

(Ich wische mir den Schweiß von der Stirn.)

Diese Hitze! Lange halt' ich das nicht mehr aus. Bei welcher Temperatur wird Hirn flüssig? Ich hab' Angst, daß mir das Hirn rausläuft. Neulich war ich schon soweit, daß ich mich nicht mehr getraut hab', den Kopf auf die Seite zu legen, weil ich Angst gehabt hab', das Hirn könnte durchs Ohr rausfließen.

(Ich deute auf die Gegensprechanlage.)

Gegensprechanlage! Da! Sehr diplomatisch! Distanzkommunikation! Müssen immer diplomatisch vorgehen. Einfach keine Antwort geben. Wollen keine Beziehungen aufnehmen mit mir. Unheimlich diplomatisch.

(Wieder in die Gegensprechanlage.)

Hallo, ich halte Sie nicht lang auf! Wir haben's gleich! Wir hätten es gleich! Ich brauch' ja bloß ein paar Stempel!

(Zum Publikum:)

Es wäre gleich erledigt. Ich will nur meine Papiere! Ich bin ja schon ein paarmal dagewesen.
Sie haben mir alles gestohlen. Hier in Ägypten. Ich war hier in Urlaub. Vierzehn Tage wollte ich bleiben. Bissel tauchen, Hurghada, wenn Ihnen das was sagt? Bißchen ausspannen, erholen, Sonne, Meer, Wüste, Nil und Pyramiden. Bißchen staunen. Blöd rumstehen. An der Mumie schnuppern. Eine andere Küche, mal einen anderen Durchfall! Einfach mal was anderes. Ägypten. Vierzehn Tage Ägypten. Kultur. Pur. Und was soll ich Ihnen sagen?

Alles weg! Papiere, alles, sogar die Kleidung. Bin dann in der Badehose zur Botschaft gegangen. Haben die mir wenigstens was zum Anziehen gegeben. Schaun S' mich an, wie ich ausschau!

(Ich trage ganz normale Klamotten. Jeans und weißes T-Shirt. Dann direkt an eine Person im Publikum:)

Was schaun Sie denn so? Ich weiß schon, was ich anhab'. Jeans und weißes T-Shirt. Aber das haben die mir nicht gegeben. Sie müssen sich jetzt vorstellen, was die mir in der Botschaft für Klamotten gegeben haben. Stellen Sie sich halt etwas vor! Wenn Sie sich nichts vorstellen, haben Sie nicht so viel davon!
Ich weiß nicht, was Sie sich vorstellen, was ich jetzt anhab'. Aber besonders aufregend kann es nicht sein, so wie Sie dreinschaun. Vielleicht stellen Sie sich auch nichts vor, dann trage ich für Sie halt Jeans und ein weißes T-Shirt. Aber das ist es nicht, was es sein könnte. Also hier hätten wir eine dieser Stellen im Programm, wo Sie sich kreativ austoben könnten.

(Plötzlich rede ich mit mir selber.)

Wer spricht denn da aus mir? Sapperlot! Hier sprach eben der Kabarettist! Manchmal spricht einer aus mir, wo ich erst mal überlegen muß, wer das ist?

(Spricht wieder als Darsteller.)

Also, am letzten Tag von meinem Urlaub war ich noch mal in der Wüste. Habe noch ein bißchen Zeit gehabt und habe ich mir gedacht, nutzt den Tag, und legst dich noch ein wengerl in die Sonne und läßt dich braten. Bin ich in das Tal der Könige gefahren und habe mich brutzeln lassen.

Ich hab' es ein wenig bedauert, daß ich kein Mountainbike dabeigehabt habe, weil ich gern die Cheopspyramide raufgeradelt wäre. Die Erstberadelung steht ja noch aus. Übrigens Pyramidenradeln ist unheimlich im Kommen. Hätte ich gern gemacht, aber ohne Radl geht es halt nun mal nicht, und so habe ich mich einfach von der ägyptischen Sonne bräunen lassen. Bin eingeschlafen, und als ich wieder aufwach', ist alles weg. Gestohlen.

Beim Aufwachen denke ich noch, ich bin doch nicht in Polen oder Italien? Nein, ich bin in Ägypten! Das einzige, was mir geblieben ist, das ist dieses Tagebuch hier.

(Auf der Bühne ist kein Tagebuch zu sehen. Ich wende mich wieder direkt ans Publikum:)

Sehen Sie es? Wenn nicht, können Sie sich's vorstellen. Hoffentlich wird das nicht zu viel für Sie!

Was macht man in so einem Fall? Man geht auf die Botschaft und bittet um Hilfe. Ich sage Namen, Adresse, Geburtsdatum und Ort, Hubraum, Drehzahl, Bestzeiten, Auto, Spritverbrauch, ich lasse die volle Identifikation raus, sag' alles, was ich über mich weiß.

Die Dame in der Botschaft ist sehr nett, eine diplomati-

sche Superfrau, unheimlich cool, ein Kühlschrank, ich hab' sofort verstanden, warum sie die in die Wüste geschickt haben. Weil sie die Hitze am besten verträgt.
Sie war blaublütig. Eine Henriette von Knobelsdorff. Ich denke, da schau her, mal was anderes. Sie schreibt alles auf, und ich denke: Alles paletti. Von wegen. Die schaut in ihren Computer und sagt, daß es mich hier nicht mehr gibt. Ich wäre schon weg. Nach ihren Unterlagen wäre ich bereits offiziell wieder nach Deutschland ausgereist. Mein Flugticket wäre allein heimgeflogen.

Ich schau sie so an und denk' mir, aha, das ist jetzt mal was anderes. Die kennt dich. Die will dir zeigen, daß sie auch witzig sein kann. Macht eine Pointe. Ich lache nicht. Denke aber, guter Witz, muß ich mir merken. Gibt Stoff für ein neues Stück.
Ich reagiere blitzschnell. Das Spiel macht Spaß, denke ich, da spiel' ich mit.
Sag' ich einfach mal: »O. k., Sie haben mich durchschaut, ich bin der Friedhelm König aus München. Ich bin Lehrer. Deutsch/Geschichte/Sozialkunde. Am Gymnasium.«
Sie kriegt einen kleinen Schreck. Sag' ich: »Keine Angst, ich frage Sie nicht ab.« Hat sie nicht lachen können.
Sie schaut wieder in ihren Computer und – was soll ich Ihnen sagen – mich gibt's wieder nicht.
Sie wird ungeduldig. Ich war gut drauf und sag', um sie völlig aus der Fassung zu bringen: »Nein, stimmt nicht, ich bin der Jochen Rössner, ich arbeite beim Fernsehen.«

Ihr Gesicht entspannt sich, und sie bekommt ein unheimlich mitleidiges Geschau. »Fernsehen«, sagt sie, »Sie Ärmster!«, während sie wieder in den Computer hackt.
... tipp tipp tipp ... sie schaut mich an ... »Sie gibt's nicht!«
Ich: »Kann's ja auch nicht geben. Hab' ich mir grade ausgedacht.«
Und dann habe ich mir gedacht, setzt du noch einen drauf, gibst ihr noch eine Zugabe.
Ich sage: »Ich heiße Edmund Stoiber!« Weiter bin ich nicht gekommen. Sie, ganz scharf: »Den kenn' ich, der ist nicht im Computer, der hat eine Geheimidentität!«
»Oha!« sag' ich.
Und jetzt schaut sie mich fast ein bißchen polizeistaatlich an. Also, sie kriegt so das Becksteinsche Abschiebelächeln.
»Wie heißen Sie wirklich, und was sind Sie von Beruf?«
»Mei«, sage ich, »Beruf, des ist nicht so einfach. Ich bin mehrfach unterwegs. Ich schreibe, ich bin Fotograf, ich mache diese schwarzen Bilder, wo nichts drauf ist. Vielleicht haben Sie davon schon etwas gehört. Diese Richtung nennt man den Secretismus. Den habe ich begründet. Das sind Bilder, bei denen der Betrachter sehen kann, was er will. Also, er sieht, was er sich vorstellt. Da ist natürlich so ein schwarzes Bild ideal. Also mehr kann man als Künstler einem Zuschauer nicht bieten. So ein schwarzes Bild ermöglicht eine unendliche Phantasie. Da kommt es natürlich auf den Zuschauer drauf an.

Besonders interessant ist es, wenn eine zweite Ebene entsteht.
Ich habe beispielsweise schwarze Bilder, also von Malern, die schon schwarz waren – nicht die Maler, die Bilder waren schwarz –, abgelichtet und auf diese Weise eine Doppelebene des Schwarzen geschaffen. Also diese Fotos waren sehr intensiv. Logisch, weil der Betrachter zweimal die Möglichkeit hatte, sich vorzustellen, was drauf sein könnte, und nur ich und der Maler wußten, was wirklich drauf war. Also mehr Secretismus ist schlichtweg nicht möglich.«

Aber das ist noch nicht alles! Sage ich zu der Blaublütigen: »Ich bin auch Autor, ich schreibe, aber auch da überlasse ich viel dem Leser, ich spiele, ich bin journalistisch tätig, ich inszeniere auch manches, bin auch psychologisch, dann auch kaufmännisch, im Einzelhandel – wenn jemand eine Lederjacke braucht, kein Problem für mich, auch Uhren, aber da müßte ich zwei, drei Tage vorher Bescheid wissen –, ich habe auch schon als Bewährungshelfer gearbeitet – hobbymäßig, lebensberatend bin ich sehr stark« – und ich merke, wie die Blaublütige ziemlich ungeduldig wird, was für eine Frau im diplomatischen Dienst ja nicht so vorteilhaft ist.

Ich fixiere sie versöhnlich und muß feststellen, die meint es ernst.
Ich sage: »Machen Sie keine Witze!«

»Sie machen Witze«, sagt sie. »Sie sind nicht der, der Sie vorgeben zu sein.«
Ich: »Woher wollen Sie denn das wissen, Sie kennen mich ja gar nicht!«
Sie: »Das brauche ich auch nicht, Hauptsache der Computer kennt Sie nicht.«
Ich mache also einen letzten Versuch im guten und sage: »Sagen Sie mir, wer ich sein soll, und ich bin es! Da bin ich flexibel.«
Schaut sie mich an und meint ganz trocken, daß ich mir überlegen soll, was ich sage und nächste Woche wiederkommen.
Ich: »Nächste Woche, ja das weiß ich nicht, ob ich da schon ein anderer bin!«
Sie: »Geworden sein werde.«
Ich: »Aha, haben wir eine Syntaxreform auch schon?!«
Darauf hat sie nichts mehr gesagt. Wahrscheinlich hat sie keinen Text mehr gehabt.
Ich bin dann gegangen. Habe sie einfach hocken lassen mit ihrer ganzen Diplomatie.
Habe ich gesagt: »Gut, dann geh' ich jetzt, aber ich komme wieder.« Und bin gegangen. Damit hat sie nicht gerechnet. Die hat gedacht, ich bleibe da. Ich mache aber manchmal grad z' Fleiß das, was man von mir nicht erwartet. Aber grad z' Fleiß!

Tja, und jetzt läßt sie mich in die Botschaft nicht mehr rein. Solange bis ich der bin, der ich sein soll. Jetzt weiß

ich aber nicht, für wen sie mich hält. Sonst wäre es ja kein Problem für mich, eine fremde Identität anzunehmen. Aber ich weiß es nicht.
Ich gebe zu, ich habe immer gehofft, irgendwann einmal der zu werden, den ich mir immer vorgestellt habe, einmal sein zu können. Und jetzt war die Gelegenheit da.

(Plötzlich fahre ich vor Schreck zusammen.)

Da war doch gerade einer! Haben Sie ihn gesehen? Da an der Ecke ist er gestanden und hat zugehört. Das ist mir jetzt schon ein paarmal passiert. Ich rede und denke: Da hört dir doch jemand zu. Ich dreh' mich um, und tatsächlich steht da einer und lächelt. Gar nicht so unfreundlich. Wenn ich ihn aber ansprechen will, geht er einfach. Lächelt und geht. Irgendwoher kenn' ich ihn, ich weiß aber nicht woher. Nur immer, wenn er da war, ist mir ein bißchen schwindlig, und es kommt ganz plötzlich diese Bodenangst wieder. Ich habe dabei das starke Gefühl, daß es mir den Boden unter den Füßen wegzieht.

(Diese »Figur« taucht während des ganzen Stückes immer wieder auf. Zunächst stumm. Sie geht vorbei und der Multiple nimmt sie im Vorübergehen wahr. Allmählich wird dieses Ego ziemlich aufdringlich, und ich führe mit ihm »Gespräche«. Immer wenn dieses Ego in Erscheinung tritt, scheine ich den Boden unter den Füßen zu verlieren. Mir wird danach immer schwindlig.)

(Wieder zur Botschaft hin gewandt.)

Sie wollen von mir nichts wissen. Ich existiere nicht für sie. Mich gibt's nicht. Obwohl es mich selbstverständlich gibt. Ich stehe ja vor Ihnen. Aber für die da gibt's mich nicht. Also sie bestreiten nicht, daß es mich gibt, aber sie sagen, sie können mir nicht bestätigen, daß ich der bin, der ich behaupte zu sein.

Was heißt behaupte? Ich bin es. Ich heiße Josef Brandl, bin fester Freier. Journalist. Aber ich mache auch Fotos, und wenn jemand eine Lederjacke bräuchte, wie gesagt, kein Problem. Aber hauptsächlich bin ich fest frei. Es glaubt mir nur keiner. Sie sagen: Schön, Sie behaupten das, aber beweisen Sie es. Wo ist Ihr Paß? Ausweis? Führerschein, Identitätskarte? Geburtsurkunde, Impfschein? Blutgruppe, Organspendeausweis, Auslandskrankenschein, Bahncard, große Streifenkarte, Essensmarke. Auf der Fahndungsliste steh' ich auch nicht. Leider.
Wissen Sie, das beste wäre, wenn da einer wär', der mich kennt. Ich bräuchte einen, der sagt, wer ich bin. Oder der sagt, daß ich der bin, der ich halt bin. Ich tät' keinen kennen, der mich kennen tät', aber der ist nicht da. Wenn er aber da wär, dann tät' er mich kennen.
Aber der ist nicht da. Der ist daheim. Aber da braucht er mich nicht zu kennen, weil sie mich da eh kennen. Daheim kennen sie einen immer. Hier in Ägypten müßt' er sein! Aber man kann auch nicht verlangen, daß die, die einen kennen, immer da sind, damit sie einen kennen. Und oft passiert es auch – im Identitätsnotfall –, daß einer

sagt: Den kenn' ich nicht! Weil er ihn nicht kennen mag. Aus irgendeinem Grund heraus. Aber dann kann man davon ausgehen, daß man sich kennt, weil man sich kennengelernt hat.
Momentan schaut's direkt so aus, als gäb's mich nicht. Da wär' ich noch schlechter dran als niemand. Weil ein Niemand kann man auch sein, wenn man einer ist. Da gibt es ja diese Geschichte mit dem Odysseus, den nicht einmal seine Mutter gekannt hat, als er mit ihr – oder war das ein anderer? Das war der Ödipus! Was ich mein', ist die Begebenheit mit dem Zyklopen. Der Odysseus hat dem Zyklopen ein Auge ausgestochen, was nicht nett war, weil er nur eins gehabt hat. Und der Zyklop hat ihn gefragt: »Wie heißt du?« Und der Odysseus hat gesagt: »Niemand.« Und schließlich hat es geheißen: Niemand hat dem Zyklopen ein Auge ausgestochen.

Das ist einer der ältesten Gags, die bekannt sind. Wahrscheinlich der Urgag, aus dem alle nachfolgenden Gags abgeleitet wurden.

Hallo! Hallo! Aufmachen!
Gegensprechanlage! Ich liebe sie, diese Gegensprechanlagen. Sie befinden sich immer in halber Höhe, so, daß man gebeugt sprechen muß. Das gebeugte Sprechen ist sehr beliebt. Nur mir liegt es nicht. Ich habe viel darüber nachgedacht, warum ich wieder eine Ausnahme machen muß. Mit mir stimmt doch was nicht! Es ist doch nichts dabei,

wenn man ein bißchen gebeugt spricht. Es ist nur höflich. Ich warte immer darauf, daß sie eine Gegensprechanlage knapp über dem Boden anbringen, so daß man im Liegen sprechen muß.
Das kommt auch noch. Bei den Behörden. Beim Finanzamt mußt du dann vorher fünf Mark reinwerfen, erst dann funktioniert die Gegensprechanlage. Das ist die Gegensprechabgabe. Ohne die spricht keiner mehr mit dir.
An und für sich mag ich es ja, das Gegensprechen. Ich bin von Hause aus ein leidenschaftlicher Gegensprecher. Ich bin gern einfach so, ohne Grund, dagegen. Das gibt tolle Streitgespräche, an deren Ende ich mich ohne Probleme von meinem Gegenüber überzeugen lassen kann. Der freut sich, daß er mich überzeugt hat, dabei war ich sowieso schon von Anfang an seiner Meinung. Das macht mir Spaß und dem anderen erst recht, weil der glaubt, daß er mich überzeugt hat. Das ist meine soziale Komponente.
Ich hab' mich auch schon selber vom Gegenteil überzeugen können. Ich kann anderer Meinung sein als ich selber.
Ja, da lieg' ich dann mit mir selber im Streitgespräch und bin dagegen.
Eigentlich liege ich dauernd im Clinch mit mir. Etwas in mir sagt: Tu das nicht, ein anderer Teil sagt: Kannst ruhig machen. Irgendwas in mir sagt oft: Halt die Klappe, reg dich nicht schon wieder auf, ein anderer Teil sagt: Mach den Mund auf, sag, was du denkst... und so weiter...

(Wieder fahre ich vor Schreck zusammen, denn wieder taucht dieser merkwürdige Typ auf.)

Da war er wieder. Haben Sie ihn gesehen?
Ich habe ihn schon mal angesprochen. Freundlich. Kann ich etwas für Sie tun? habe ich gefragt. Kann ich Ihnen helfen? Er hat nichts geantwortet.
Er hat gegrinst und ist weitergegangen. Irgendwoher kenn' ich ihn. Ich habe den schon mal irgendwo gesehen. Ich weiß nicht, aber es könnte sein, daß er mir einmal geholfen hat. Vielleicht, daß er mir einmal beigestanden hat. Das kann sein, und ich kann mich nicht daran erinnern. Das nächste Mal frage ich ihn, wie er heißt.
Wo war ich stehengeblieben?
Ich spreche auch gern mit. Auch gleichzeitig mit anderen. So ein gleichzeitiges gemeinsames deutsches *Ja* ist schon etwas sehr Schönes. Es ist einfach angenehm, wenn man weiß, man ist nicht der einzige. Am schönsten ist es, wenn ein ganzes Volk spricht. Gleichzeitig. Die gleiche Sprache. Aber dazu braucht es eine passende Gelegenheit. Es muß sich auszahlen. Das letzte große deutsche gemeinsame *Ja* liegt schon einige Jahre zurück. In den vierziger Jahren war das. Eine optimale Situation war das damals. Einer hat gefragt: »Wollt ihr den totalen Krieg?« und alle haben gebrüllt: »Jaaa!« So was ist heut nicht mehr möglich. Oder sagen wir, nur unter besonders demokratischen Umständen. Es muß halt der richtige Zeitpunkt sein und der richtige Mann an der richtigen Stelle stehen.

Ich meine, wenn heute einer fragt, ob wir den totalen Krieg wollen, wird es nicht so viele geben, die *ja* schreien werden. Vielleicht die falsche Frage. Der Krieg ist aus der Mode gekommen. Aber wenn einer richtig fragen würde? Bestimmt würden auch viel *nein* brüllen, auch wenn die Frage richtig gestellt wäre. Aber wenn einer fragen würde: Wollt ihr die totale Verarschung? Ich glaube, diese Frage zum richtigen Zeitpunkt gestellt, und alle brüllen wie aus einer Kehle *jaaaa.*

Trotzdem: Das Dagegensprechen ist nicht jedermanns Sache.
Schon gar nicht bei so einem Gesprächspartner.

(Zeigt auf die Gegensprechanlage.)

Stellen Sie sich das mal vor, jeder hätte immer so eine Anlage dabei. Kommt einer auf Sie zu und fragt: Kann ich Sie mal sprechen. Und Sie sagen: Nein, tut mir leid, ich habe meine Gegensprechanlage nicht dabei. Wenn einer keine dabei hat, kann er nichts sagen. Stellen Sie sich das bitte einmal vor. Für die Zukunft ist das keine schlechte Idee. Es ist sehr hygienisch. Wegen der Bazillen. Die bleiben dann in der Anlage hängen. Wir sprechen nur noch über Anlagen.
Über Anlagen wird sehr viel gesprochen. Aber die wenigsten spekulieren mit Sprache. Obwohl, die hier schon.

(Deutet wieder nach hinten zur Botschaft.)

Hallo! Hallo!
Die machen einfach nicht mehr auf.
Bin ja schon mal hier gewesen.
In Ägypten, aber damals wußte ich noch nichts davon.
Ich hab' das zufällig am Flughafen in Hannover erfahren.

Es gibt da nämlich eine Begebenheit, die sich schon vor einiger Zeit in Hannover zugetragen hat. Ich weiß jetzt nicht, ob Sie Hannover kennen, aber es ist einer der Orte, wo man sich bei der Ankunft gleich nach den Fluchtwegen erkundigen sollte.

Also, Hannover liegt günstig, sie haben's direkt an die Autobahn hingebaut, man kommt also schnell weg. Aber ich bin über den Luftraum gekommen. Ursprünglich wollt' ich nach Bremen, beruflich – ich hab' da beim Fernsehen zu tun gehabt, spielt jetzt keine Rolle – nur, es war Nebel, da oben haben sie ja oft Nebel, und dann können die Flieger in Bremen nicht landen und müssen nach Hannover fliegen. Dort kommen sie gut durch den Nebel, weil man in Hannover auch blind ankommen kann. In Bremen muß man etwas sehen, in Hannover reicht es aus, wenn man nichts sieht, deshalb ist die Stadt philosophisch auch ganz interessant.

Also, der Flieger landet blind, kaum ist der Flieger an das Gate beziehungsweise den Finger gerollt, stehen alle auf und ziehen sich an. Also es war kein Nackerter im Flugzeug. Das nicht, die Leut wollen halt möglichst schnell raus aus dem Flieger. Verstehe ich, aber es geht halt nicht, weil vorn noch zu ist. Aber als zivilisiertes Höflichkeitsritual ist es ganz schön, wenn man die Enge des Raumes voll ausnützt und ein bißchen Körperkontakt sucht. Man kriegt dann einiges mit. Zum Beispiel, daß der vor dir nicht nur ein Deo vermieden hat, sondern auch tief aus dem Halse riecht.

Während der Nuttendiesel deiner Nachbarin, also das Parfum, jeden natürlichen Geruch überdeckt. Beim Essen hast du dich schon gefragt, warum der Koch die feine Soße am Kalbslendchen mit dem neuen Duft von Lagerfeld verfeinert hat? Dabei war es nur die Kollegin von nebenan.

Also schräg vor mir sitzt ein rötlicher Typ – meine ich jetzt nicht politisch – mit vielen rötlichen Pigmentanteilen in der Haut, vor allem auf der Nase, dicke Brille, bißchen aufgeschwemmt, glasiges Lächeln.

Und nachdem er es sich auf dem Mittelplatz bequem gemacht hatte, zieht er als erstes einen Flachmann raus und nimmt einen kräftigen Schluck. Ich vermute, es ist Cognac. Als Rechtfertigung lächelt er zufrieden und murmelt: Flugangst. Ich hab' noch nie jemand gesehen, der sich so über seine Flugangst gefreut hat.

Endlich öffnet die Stewardeß die Klappe – nicht ihre, die des Flugzeuges, und alle können aus dem Flieger raus. Und wir folgen den Pfeilen. Da ich leider nicht nur mit Handgepäck reise, sondern auch mit Fußgepäck, muß ich ans Förderband.
»Hallo«, meint der rötliche Flachmann hinter der dicken Brille. »Wir kennen uns.«
»Wir kennen uns nicht, tut mir leid.«
»Aber natürlich«, besteht er drauf, und ich merke, er duldet keinen Widerspruch. »Wir sind doch zusammen nach Ägypten geflogen.«
Darauf ich, vielleicht schon eine Idee zu ruhig:
»Ich war noch nie in Ägypten.«
Er völlig unbeeindruckt:
»Natürlich, wir haben doch noch zusammen gesoffen.«
»Ich trinke keinen Alkohol.«
»Jetzt werde ich aber gleich böse!« droht er mit Recht. Und lächelt dabei so, daß ich ihm nicht ernsthaft böse sein kann. Ich gehe einen Schritt weiter. Er folgt mir. Noch lache ich, aber wenn er mich weiter verfolgt oder mit mir gar ins Bistro gehen will, um einen zu heben, werde ich böse. Er nimmt mich am Arm.
Oh, habe ich so was dick. Dieses Gezupfe!
»Kommen Sie, wir trinken einen zusammen.«
»Wir trinken keinen zusammen«, sage ich sehr bestimmt.
»Haben Sie ein Alkoholproblem, oder was? Wir hatten doch eine Riesenstimmung.«
»Kann schon sein, daß Sie eine Riesenstimmung gehabt

haben, nur ich war nicht dabei. Wir kennen uns wirklich nicht. Ich war nie in Ägypten.«
Und ich muß Ihnen gestehen, daraufhin hat er sehr traurig geschaut. Da hat er mir fast leid getan. Deshalb habe ich noch gesagt:
»Kann sein, daß Sie mich von der Lederwarenmesse kennen oder vom Fernsehen her.«
»Fernsehen? Nein, bestimmt nicht, ich schau so selten in den Kasten. Warum streiten Sie's ab?«
»Weil's Quatsch ist!«
Und wieder hat er sehr traurig geschaut.
Einen Moment lang habe ich überlegt, ihm einfach recht zu geben. Nur dann hätte er bestimmt drauf bestanden, daß ich mit ihm einen trinken gehe, und ich hätte die Rolle des Ägyptenreisenden spielen müssen. Und warum hätte ich ein Spiel mitspielen sollen, nur um seine Erwartungen zu erfüllen.
Ich drehe mich um und sehe den Ägyptologen im Bistro ein Bier bestellen. Und er hat so ausgeschaut, als ob er sich immer noch fragen würde, warum ich nicht zugegeben habe, mit ihm nach Ägypten geflogen zu sein. Er war felsenfest davon überzeugt, daß ich zusammen mit ihm in einer Reisegruppe in Ägypten war.

Möglicherweise hat er recht, und mit mir stimmt etwas nicht? Vielleicht war ich tatsächlich in Ägypten und ich kann mich aus irgendeinem Grund nicht daran erinnern. Vielleicht ist da was vorgefallen, was ich in meinem Ge-

dächtnis gelöscht habe. Diese Pyramiden haben es ja in sich.
Es soll da Punkte geben, wo sich die Strahlung enorm bündelt. Und dadurch könnte es zu Schäden in der Software kommen.

Warum sollte ich nicht schon in Ägypten gewesen sein? Während ich so über die verschiedenen Möglichkeiten nachgedacht habe, fiel mein Blick zufällig nochmals auf den Ägyptologen, der im Bistro gerade wieder ein Bier bestellte. Und da habe ich angefangen, mich mit dem Gedanken anzufreunden, nicht der zu sein, für den ich mich hielt. Aber wenn ich nicht der war, für den ich mich hielt, wer war ich dann? Einer mußte ich ja sein. Oder bin ich vielleicht gar keiner? Blödsinn. Ich bin mindestens ein anderer. Aber woher weiß ich, daß ich der bin, der ich glaube zu sein?

Ich schaute zu einem Kartentelefon hinüber. Ich könnte schnell mal Gisela, meine Frau, in München anrufen und fragen, ob sie weiß, wer ich bin?
(irritiert) Nein, nicht Gisela, sondern Sonja!

»Nepomuk, rede kein Scheiß!« würd' sie sagen.
Nein, würde sie nicht sagen. Josef würde sie sagen. Ich heiße doch Josef! Sie würde also Josef, rede keinen Scheiß sagen.
Ich würde sie fragen: »Bist du sicher, daß ich der bin, für

den du mich hältst?«
Sie würde fragen, ob ich was getrunken habe.
Das müßte ich verneinen.
»Ich kenn' dich doch, was ist los mit dir?«
»Nichts. Es ist alles o. k. Ich habe nur grade überlegt, ob ich ein anderer bin?«
»Du bist übergeschnappt!«
»Sag mir bitte, woher du weißt, daß ich der bin, für den ich mich halte?«
»Für wen hältst du dich denn?«
»Für einen, der schon mal in Ägypten war.«
»Warst du schon mal in Ägypten?«
»Das frage ich dich!«
»Woher soll ich das wissen?«
»Ich weiß es auch nicht, aber es gibt jemand, der es behauptet.«
»Aha. Warum macht er das?«
»Mei, weil er davon überzeugt ist.«
»Vielleicht stimmt es dann!«
»Siehst du, jetzt glaubst du es auch!«
»Was weiß ich, was du vor unserer Zeit getrieben hast. Ich frage mich, wenn du in Ägypten warst, warum du es verschwiegen hast?«
»Ich habe es nicht verschwiegen, ich habe es gerade eben erst selber erfahren.«
Und dann ist mir plötzlich aufgefallen, daß ich gerade mit Sonja gesprochen hatte, obwohl sie gar nicht da war. Wie gibt es das? Wieso kann ich mit jemandem reden, der

nicht da ist, aber trotzdem mit mir spricht? Es kann nur so sein, daß ich nicht allein war mit mir. Am Ende war ich gerade Sonja! Ich habe ihre Stimme ganz deutlich vernommen. Dann wäre ich schon zu dritt.

Einmal ich, dann der, von dem ich bisher nicht wußte, daß ich es war, der mit dem Ägyptologen in Ägypten gewesen war, und Sonja, die mit mir redet, wenn sie nicht da ist. Allmählich werde ich multipel.

Ja, und dann hab' ich spontan beschlossen, daß ich einfach mitspiele.

Ich bin rübergegangen zu ihm ins Bistro und habe gesagt: »Sie haben recht. Ich war tatsächlich schon in Ägypten.«

»Sehen Sie, habe ich es doch gewußt. Sind Sie immer noch Chef von dem Penny-Markt in der Weißenburgerstraße?«

»Nein, ich bin jetzt bei Müller-Milch für den Fruchtjoghurt zuständig.«

Und dann haben wir uns prima unterhalten über Joghurtpreise und Verfallsdatum.

Und von diesem Zeitpunkt an habe ich immer mitgespielt. Sie glauben gar nicht, wo man auf diese Weise überall hinkommt. Und die verschiedensten Berufe habe ich auch schon gehabt: Wirtschaftsberater, Politiker, Psychologe, Schauspieler. Falls jemand eine Lederjacke braucht, kein Problem!

Manchmal ist das eine richtige Herausforderung. Einmal hat eine Frau zu mir gesagt: »Gell, Sie san mit'm Traktor da?« Die hat mich mit dem Fierek verwechselt. Hab' ich

ihr gleich ein Autogramm gegeben. Die hat sich gefreut! Hätt' ich versucht, ihr ihren Irrtum klarzumachen, wäre sie enttäuscht gewesen, und ich hätt' mich viel länger mit ihr unterhalten müssen. Ich hab' dann ihr zuliebe den ganzen Tag »Resi i hol di mit meim Traktor ab« gesungen. Bin förmlich im Fierek aufgegangen – obwohl da nicht so viel aufzugehen ist.
Aber aufregend ist es schon, was man da so alles erlebt in einer anderen Existenz.
Ich rede über fremde Städte, Länder und behaupte einfach: Da war ich auch schon mal. Und plötzlich erinnere ich mich an Details! Das muß schon irgendwo herkommen? Diese Informationen. Woher sind die? Woher weiß ich das alles?
Wahrscheinlich aus einem früheren Leben. Da bin ich ein Kannibale gewesen, der voodoogläubig war. Die essen die Leut und glauben, daß sie dann auch die Seele verspeist und in sich aufgenommen haben.
So entstehen multiple Persönlichkeiten.
Ich habe kürzlich einen Artikel gelesen, in dem von multiplen Persönlichkeiten die Rede war.
Die multiplen Typen leben mit verschiedenen Identitäten und wechseln blitzschnell von einer Persönlichkeit in die andere. Die springen hin und her, wie es ihnen paßt. Der Körper bleibt immer derselbe. Logischerweise verändern sich mit jeder Persönlichkeit die Stimme und die Sprache. Sie sprechen dann auch in fremden Sprachen. Die Gebärden verändern sich, Mimik, Gang einfach alles. Sie fühlen

sich in einer geschlossenen anderen Biographie zu Hause und können Auskunft geben über verschiedene Leben. Die multiplen Persönlichkeiten verfügen über multiple Biographien.

Also vier Typen habe ich in mir schon ausgemacht. Die kenn' ich jetzt schon ganz genau. Da ist der Depressive, der mischt sich überall ein und gibt seinen Senf dazu, aber der ist eher hinderlich.

Dann gibt's den Schizoiden. Der gefällt mir. Der tut, was er will, und der sagt, was er denkt – ohne Rücksicht auf Verluste. Dem geht auch mal ein herzhaftes »Du Arschloch« über die Lippen.

Aber da mischt sich dann meistens der Zwanghafte ein. Der kann so was ja überhaupt nicht hören. Der belehrt gleich wieder, daß man so was doch nicht in den Mund nehmen dürfe. Darauf der Schizo: Tu ich ja auch nicht. Ich hab's doch rausgelassen.

Das ist dem Zwangtypen auch schon wieder zu flapsig: Drück dich bitte etwas vornehmer aus. Immer diese Analsprache, das ist ja widerlich.

Mischt sich der Depressive ein: Kinder, so geht das aber nicht. Jetzt streitet euch doch nicht schon wieder, vertragt euch. Der is echt langweilig, der Typ.

Und jetzt kommt mein absoluter Liebling, der Hysteriker. Der hat, wie immer, überhaupt nichts mitbekommen, weil er grade vor dem Spiegel seine schwindenden Haupthaare zählen mußte. Was ist los? Ich will's gar nicht wissen. Wißt ihr was? Mir gehen die Haare aus. Soll ich

zum Friseur gehen und sie mir ganz abschneiden lassen, oder soll ich mir ein Toupet machen lassen, so wie der Elton John?
Wenn ich jetzt die anderen so mitzähle, für die ich schon gehalten worden bin und die ich mir selber ausgedacht habe, dann kommt noch einiges an Persönlichkeit dazu. Ich bin nicht multipel, ich bin hypersuperplusmultipel. Es gibt ja in der deutschen Klassik ein berühmtes Beispiel für eine multiple Persönlichkeit. Der Faust: Zwei Seelen wohnen, ach! in meiner Brust. Der war unterbelegt, da hätten locker noch ein oder zwei Platz gehabt.

Oder nehmen wir mal – Gott. Ist ja auch eine multiple Persönlichkeit. Aber gegen mich ist er eine kleine Nummer. Er ist ja nur zu dritt. Er selber, sein Sohn, und der Heilige Geist. Ich an seiner Stelle hätte mich da längst ein bißchen erweitert und vergrößert. Drei ist einfach zu wenig. Auch vom Angebot für den Gläubigen. Grad im Spirituellen sind die Ansprüche gewachsen. Schaun Sie, es ist doch so, daß viele Menschen sich heute von der Kirche abwenden, weil ihnen drei Götter einfach nicht reichen. Da nützt die ganze Allmacht nichts. Früher war es doch auch so, daß es mehrere Götter gegeben hat. Da hast einen Hausgott gehabt für zu Hause, hast nicht immer in die Kirche rennen müssen. Dann hast ein paar Götter für den Alltag gehabt, für die Erotik, für den Tod hat es einen gegeben, für die göttlichen Botschaften, einen Info-Gott für das Info-Religiontainment, für die Unterwelt, für

den Himmel, für die Kunst, für alles mögliche hat es einen Gott gegeben. Und heute sollen die drei alles alleine schaffen. Das hält doch der stärkste Gott nicht aus.
Nein, da haben die Katholen den Anschluß verpaßt. Der Trend geht zum multiplen höheren Wesen. Ich glaube, daß das keine so gute Idee war, die Vielfalt der Götter abzuschaffen und alle in einem zusammenzufassen. War doch immer so, wenn die Menschen was nicht verstanden haben, dann haben sie sich das mit einem Gott erklärt. Und jetzt meinen sie, sie könnten sich alles mit der Wissenschaft erklären, und wenn die was nicht erklären kann, dann sagen sie: Da steckt Gott, der Allmächtige, dahinter. Weil aber die Wissenschaft immer mehr erklären kann, oder glaubt, erklären zu können, wird logischerweise der traditionell göttliche Bereich des Unerklärlichen immer kleiner. Aber es ist immer noch genug, daß die drei genug zu tun haben. Es könnte so schön sein mit dem Unerklärlichen.
Wenn es zum Beispiel ein Atomkraftwerk zerreißt, dann kommt heute die Wissenschaft mit der Wahrscheinlichkeit und der Mathematik und der Physik und der Chemie daher und erklärt alles, warum und wieso. Ich glaube, daß ich zufriedener wäre, wenn es mir nicht erklärt wird, sondern wenn statt dessen ein Hoherpriester zum Himmel deutet und sagt, daß *Er* eine Strafe geschickt hat, weil wir Menschen gesündigt haben wider ihn.
Wäre als Erklärung für ein großes Unglück emotional und seelisch beruhigender. Das Religiöse als Erklärung

entspricht dem Menschen mehr als das Wissenschaftliche. Dann sparen wir uns auch diese dumme Diskussion um den Ausstieg aus der Atomkraft. Denn wissenschaftliche Argumente zählen dann nicht, weil nur *Er*, der Herr, als letzte Begründung zählt. Fände ich besser, weil der Glaube immer stärker ist als das Argument. Und wenn dann immer noch einer dumm daherredet, von wegen Kernkraft gefährlich und so, haut der Papst ein Dogma vom unbefleckten Atom raus und Ende der Diskussion. Wer es anzweifelt, wird aus der Kirche geworfen und kommt nicht in den Himmel, muß in der Hölle schmoren! In Ewigkeit, Amen!

Der Kontakt zu Gott ist schwierig. Kannst ihn zwar anrufen, aber er kommt kaum noch durch, weil seine weltlichen Stellvertreter immer die Prediktklappe offen haben. Die benutzen ja noch das Fürsprechermodell und rufen immer laut dazwischen. Diese Lautsprecher! Das ist das ganz alte Modell von einer Gegensprechanlage.

(Wieder taucht unerwartet dieser Typ auf.)

Hey, da sind Sie –

(Ich halte inne und überlege.)

oder duzen wir uns? – Wir duzen uns! – So, aha, was ist? – Wer bist du? – Freund? – Und warum läufst du mir dauernd hinterher? – Du paßt auf? – Auf mich? – Das ist aber nett. – Aber nicht nötig. – Was los ist, wenn ich über eine

Brücke gehen muß? – Blöde Frage, dann gehe ich da drüber. – Ich habe damit keine Probleme. – Ja, o.k. Stimmt schon. – Ich habe manchmal ein bißchen Angst, über eine Brücke zu gehen.

(Lacht.)

Mal was anderes! – Bleib doch da! – Wo willst du hin? Jetzt wo wir gerade ins Gespräch gekommen sind!

(Ans Publikum gerichtet:)

Das könnte sein. Ich äh, habe manchmal Angst, ja, daß ich den Boden unter den Füßen verliere. Also so, daß der Boden plötzlich weg ist und ich in der Luft hänge. Ja, und dann, äh, habe ich schreckliche Angst durchzudrehen. Einfach verrückt zu werden. Ja.
Das kann sein, daß er mir da mal geholfen hat. Das kann sein. Ja.

(Deutet wieder auf die Sprechanlage.)

Was mach' ich denn jetzt?
Jetzt probier' ich es mal auf die hysterische Tour.
Hallo! Machen S' bitte sofort auf, ich krieg' sonst einen Hitzschlag. Ich warne Sie, ich sterbe hier vor ihrer Sprechanlage! Dann haben Sie hier einen Toten liegen, den keiner kennt. Dann fange ich zu stinken an, das macht aber keinen guten Eindruck. Aber mir ist das dann wurscht, ich hab' Sie gewarnt!
Dann müßten die mich einfrieren. In die Tiefkühltruhe.

In 2000 Jahren finden die mich dann. Ich werde ein Rätsel für die Archäologie. In Ägypten erfroren. Ich komme ins Museum, werde fotografiert, komme in alle Geschichtsbücher. Generationen von Schulklassen ziehen an mir vorbei.

Der Schizoide:
»Ja, er, so ein Depp! Wenn s' dich nicht gleich hier in der Wüste entsorgen, kannst in Deutschland nicht einmal Asyl beantragen, weil du tot bist.«

Der Hysteriker:
»Aber eine Schlagzeile gäb's in der Zeitung: Toter beantragt Asyl.«

Der Zwanghafte:
»Das ist eine sinnlose Diskussion. Das führt zu nichts. Wichtig ist jetzt, daß wir bei klarem Verstand bleiben. Wir müssen auf unsere Gesundheit achten. Wir werden jetzt erst einmal diese Anlage reinigen. Wer weiß, wer da schon alles reingesprochen hat.«

Der Depressive:
»O. k., wenn ihr meint. Ich bin dabei. Meine Meinung interessiert hier sowieso keinen.«

(Deutet wieder auf die Sprechanlage.)

Diese Beamtin da drin, diese Diplomatin von der deutschen Botschaft, die hab' ich rein prophylaktisch schon mal angeschrien.
Sag amoi, warst du zu lange in der Pyramide? Haben sie dich bei der Mumifizierung übersehn?
Bißchen drohen, bei manchen wirkt das ja Wunder, die werden so klein mit Hut. Aber bei der hat das überhaupt keinen Eindruck gemacht. Die hat sich stur gestellt. Jetzt läßt sie mich zappeln. Das sind so die kleinen Machtspiele der Untergebenen, die sonst nichts zu sagen haben.

Der Depressive:
»Hättet ihr mich reden lassen, wäre es überhaupt nicht soweit gekommen. Aber auf mich hört ja keiner. Ihr mit eurer großen Klappe. Ihr seid einfach keine Diplomaten.«

Frag' ich mich: Was ist ein Diplomat?
Der sagt etwas und damit sagt er was.
Nicht das, was er sagt, sondern, was er damit sagen will.
Und dann will er, daß das, was er sagt, nicht so verstanden wird, wie er es sagt, sondern so, wie er es meint, daß es verstanden werden sollte.
Und dann hofft er darauf, daß die andere Seite was sagt und damit das meint, was er nicht gesagt hat.
Aber keiner sagt, was er wirklich meint. Das ist Diplomatie.

Hallo! Sie machen nicht auf. Hallo kann man auch nicht sagen. Das ist völlig undiplomatisch. Hallo gibt es auf dieser Ebene gar nicht. Hallo ist einfach kein diplomatisches Wort. Hallo ist nur als Hallo zu verstehen. Hallo kann nur bedeuten: Hier ist jemand. Hallo signalisiert Kommunikationsbedürfnis. Heißt, ich möchte etwas sagen, sage aber noch nichts, weil ich nicht weiß, ob Sie mich wahrnehmen wollen. Aber man müßte vorher klären, unter welchen Bedingungen hier gesprochen werden soll. Mit oder ohne Ergebnisabsicht. Mit oder ohne inhaltliche Festlegungen. Vielleicht nur palavern. Sprachliches Getön. Stimmliches Streicheln.

(Deutet wieder zur Botschaft.)

Sie sprechen auch nicht mehr.
Die werden es doch nicht verlernt haben. Eine Sprache verlernen? Geht das denn? So ein Schmarrn! Wenn man etwas gelernt hat, dann kann man es. Aber etwas verlernen kann man nicht. Wie soll das gehen? Wie verlerne ich Vokabeln? Sage ich dann immer wieder: Das merke ich mir nicht! Das vergesse ich auf der Stelle. Und dann vergesse ich, was ich vergessen wollte, und muß nachschauen, was ich vergessen will. Und dann merke ich mir, was ich vergessen will, und dann vergesse ich es nicht, weil ich es mir gemerkt habe. Das ist ja schon politisch. Das Verlernen ist eine schwierige Angelegenheit. Das können nur ganz Gescheite. Eine ganze Sprache verlernen, das erfordert einen Haufen Energie.

Wenn ich mich so anschaue, diese Klamotten, diese Dinge, diese ganze Situation, dann traue ich meinen Augen nicht. Wenn ich aus der Lage nicht rauskomme, dann werd' ich ein Penner! Kein Zuhause, keinen Beruf, kein Geld, keine Existenz, staatenlos.

So hab' ich mir das aber nicht vorgestellt!

Ich habe mich immer anders gesehen. So wie ein... erfolgreicher, berühmter Sachbearbeiter im Kreisverwaltungsreferat, der die Tragfähigkeit von Böden überprüft? Ursprünglich wollte ich ja Kaminkehrer werden. Das hätte mir gefallen. Zumindest damals, als man mich gefragt hat, was ich mal werden möchte. Als Kind und katholischer Knabe in der Volksschule, als uns das Fräulein gefragt hat, was wir werden wollen, habe ich geantwortet: Kaminkehrer. Und andere Kinder haben gesagt: Steuerinspektor, Polizist, Maler, Taxifahrer.

Einmal habe ich gesagt, daß ich Papst werden möchte. So aus einer Laune heraus. Das Fräulein hat mich daraufhin fixiert und mich einen Deppen genannt. Depp! Nur Depp hat sie gesagt. Damals habe ich das nicht sehr schön gefunden, aber heute verstehe ich das. Wenn einer Papst werden will, das ist ja wirklich deppert. Mußt dauernd durch die Welt reisen und Messen lesen in allen möglichen Sprachen. Damals war der Papst noch nicht so reisefreudig. Die meiste Zeit war er damals in Rom und hat sich in einer Sänfte rumtragen lassen. Und dabei gesegnet. Und die Gläubigen haben gesungen ›Großer Gott, wir loben dich‹. Das hätte mir gefallen.

Aber nachdem das Fräulein mir gesagt hatte, daß ich ein Depp bin, wollte ich Kaminkehrer werden. Damit will ich natürlich nicht sagen, daß alle Kaminkehrer Deppen waren, bevor sie Kaminkehrer geworden sind. Und bestimmt wollten die nicht alle Papst werden, bevor sie Kaminkehrer geworden sind. Das soll jetzt aber auch nicht heißen, daß der Papst ein Depp war oder ist.
Vielleicht hat er nur kein so nettes Fräulein gehabt wie ich. Sonst wär er heute vielleicht Kaminkehrer?

Nein, der Papst ist auf jeden Fall kein Depp. Der heutige sowieso nicht und der damalige auch nicht. Das war der Johannes XXIII. Dann kam der Paul VI. und dann Johannes der erste Paul, der ziemlich schnell den Löffel abgegeben hat. Bei dem haben sie ja, heißt es, nachgeholfen, weil er vielleicht nicht ganz so unfehlbar war, wie sie sich's gewünscht hatten. Der jetzige, also Johannes der zweite Paul, ist schon sehr unfehlbar. Das Unfehlbare hätte mir auch gelegen! Na ja, ich hab' mich dann doch für die saubere Seite entschieden. Ich wollte fegen und kehren. Kaminkehrer werden. Da konnte ich zwar nicht unfehlbar sein, aber dafür den Leuten aufs Dach steigen. Ich hab' mir das so vorgestellt: Auf den Dächern stehen und den Überblick haben, über die Stadt und den Erdkreis. Und wenn grad keiner schaut, kannst auch mal den Urbi et Orbi über die Stadt rübersegnen und ein bissel päpstln.
Und den Menschen Glück bringen. Ich habe mir vorge-

stellt, daß mich alle berühren, ganz leicht, im Vorbeigehen und dann selig lächeln. Da käme Erlöserfeeling auf! Nur wenn ich mich heute anschaue, dann muß da irgendwas nicht schiefgegangen sein. Kaminkehrer bin ich nicht. Woran mag das gelegen haben? An der Bildung! Am Abitur!
Mich wollte keiner haben. Großes Latinum und blöd daherreden ist am Kamin nicht gefragt.
Sonst brauchst ja heute für fast jeden Beruf einen Hochschulabschluß. Es gibt kaum noch einen Beruf, wo du ohne Hochschulabschluß arbeiten kannst.
Taxifahrer haben meistens ein abgeschlossenes Jurastudium. Demnächst wird ein abgeschlossenes Jurastudium die Voraussetzung für den Taxischein sein. Jurastudium ist einfach Grundvoraussetzung. So wird es kommen, daß zunächst alle Jura studieren, und nur wer ein abgeschlossenes Jurastudium hat, wird zu einem anderen Studium überhaupt erst zugelassen. Jeder muß seine Rechte kennen. Und die Rechte werden immer mehr. Novellen und Urteile und Gesetze und Verordnungen und Richtlinien. Gastwirte zum Beispiel haben heute meistens ein Diplom. Sie sind Sozialpädagogen. Dipl. soz. päd. Zum Teil auch Soziologen und Psychologen. Früher hat man gesagt: Intelligenz säuft. Heute schenkt Intelligenz auch schon mal aus.

Bodenleger sind meistens Ingenieure, und Innenarchitekten sind heute Maler, Tapezierer und Raumausstatter,

Mauer sind meistens Bauingenieure. Und wenn sie arbeitslos sind, sind sie ziemlich kluge Arbeitslose. Sie können sich erklären, warum sie arbeitslos sind, und können so ihre Situation besser analysieren. Optimal ist, wenn ein Psychologe arbeitslos wird, weil der sich dann versteht.

Ich versteh' mich öfter mal nicht. Ich mach' Sachen, wo ich mich fragen muß, warum hast du das jetzt gemacht. Das kannst du nicht gemacht haben.

Und dann frage ich mich, ob sich da einer heimlich in meine Software einklickt und was löscht. Ein Hacker, der die Ganglien neu gepolt und ein neues Programm installiert hat.
Ich hab' zum Beispiel neulich was bestellt aus einem Katalog – ja, ich bestell' dauernd was. Am liebsten Fitneßgeräte. Hab' ich ein Laufband bestellt, und als es gekommen ist, hab' ich es gleich wieder zurückgeschickt. Steht der Typ vom UPS vor der Tür und will dieses riesengroße Laufband in die Stube stellen. Das Ding hat bei mir in der Wohnung überhaupt keinen Platz gehabt. Hätt' ich eigentlich vorher wissen müssen, aber nein... da hat meine Software ausgesetzt.

Was mir hier echt fehlt, sind diese kleinen wichtigen Utensilien, die ich mir immer aus dem Pro-Idee-Katalog schicken lasse. Zum Beispiel habe ich mir die wirkungsvolle Dampfbürste mit Bügelfaltenvorsatz schicken las-

sen: ›Dreß-Fit‹. Sobald man auf die Taste drückt, schickt dieses Gerät Dampf gezielt in das zu bügelnde Gewebe. Und beim Bügeln frischen Sie auch gleichzeitig das Gewebe auf. Flusen und Fusseln werden antistatisch und schonend aus dem Stoff gesogen. Die Dampfbürste wird mit Tragetasche und einem Jahr Garantie geliefert.
So was fehlt im Orient. Da haben sie einen Basar, diese Kameltreiber, aber da kriegst du kein Dreßfit. Bügelfalten habe ich im Orient noch nicht gesehen. Weil Sie's nicht hinbringen. Deshalb laufen sie in diesen Kaftans, diesen Nachthemden, rum.

Und mein Fön fehlt mir sehr. Das ist ein toller Fön. Mit Turbozoomdiffusor und automatischem Kabeleinzug. Und patentiertes Luftstromsystem. Ohne lästigen Düsenwechsel. Sagen wir mal für natürlich fallende geknetete Lockenfrisuren ideal. Dieser Fön stellt sich automatisch aufs Haar ein.

Tja, und unentbehrlich ist der Snore-Control, das ist ein kleiner Schlafcomputer, den man am Handgelenk trägt. Das ist quasi ein Schnarchstopp. Mit modernster Elektronik ausgerüstet. Es funktioniert so: Beim kleinsten Schnarchgeräusch beginnt Snore-Control zu vibrieren, ganz egal, wo sich Ihr Handgelenk mit dem Gerät befindet. Pulsierende Schwingungen wirken auf Ihre Haut ein, ohne daß Sie es bewußt spüren. Ihr Gehirn veranlaßt daraufhin, daß Sie sich umdrehen. Sie nehmen eine neue

Schlafposition ein, und die Atemwege werden freier. Es ist genial.

Dieser Katalog ist eine echte Bereicherung. Was ich nicht mehr bekommen habe, sind die beheizbaren Socken. Die habe ich bestellt, noch vor der Reise, weil ich wußte, vom Klima her ist es in Ägypten tagsüber wahnsinnig heiß, aber nachts können die Temperaturen absinken bis zum Gefrierpunkt. Da habe ich blitzschnell reagiert und die beheizbaren Socken bestellt, die wahrscheinlich schon angekommen sind zu Hause, aber leider ungebraucht einer sinnvollen Nutzung harren.

Es war wirklich wieder eine Superidee. Diese beheizbaren Socken funktionieren folgendermaßen. Sie haben am Stretchbund so kleine Batterietaschen, und da stecken Sie die Batterie rein, und schon strömt die Wärme in den Fuß. Ersatzbatterien habe ich immer dabei, und zwar in den beheizbaren Handschuhen. In den Handschuhoberseiten haben Sie Taschen, die auch Raum bieten für Zusatzbatterien. Es ist schon zu empfehlen, zu den beheizbaren Socken auch die beheizbaren Handschuhe dazuzunehmen, wegen der Reservebatterien. Bei Pro-Idee denken sie an alles. Und immer wieder findet man etwas, was man brauchen kann. Beispielsweise habe ich jetzt in einem Katalog den Krümelsauger entdeckt. Der saugt schnell und problemlos die Krümel vom Tisch. Ein schönes Geschenk für die Mama, die beim Sonntagnachmittagskaffee immer am Tisch sitzt und während des Gesprächs die Krümel einzeln vom Tisch pickt. Damit ist nun Schluß!

Was mir hier im Orient am meisten abgeht, ist eine gscheite deutsche Werbung. Da merkt man erst, was man davon hat. Man fühlt sich so draußen, so uninformiert. Ich erinnere mich manchmal an die Werbung von dem Elchauto. Dem kleinen Mercedes. Für den wirbt jetzt der Boris Becker in einem Satz. Also Becker sagt was! Und da sind wir natürlich gespannt, wenn Becker was sagt, noch dazu in einem Satz:
»Stark ist, wer keine Fehler macht. Stärker ist derjenige, der aus seinen Fehlern lernt.«
Was heißt das? Du mußt Fehler machen, um etwas zu lernen. Richtig. Wer keine Fehler macht, lernt nichts. Richtig. Deshalb bist du stärker als der Starke, der keine Fehler macht. Der Starke lernt also nichts, weil er zu blöd zum Fehlermachen ist. Also ist er schwächer als der Lernende. Botschaft: Der Starke ist der Schwache, weil er zu blöd zum Lernen ist.
Also kaufe ich mir ein schwaches Auto, damit ich lerne, Fehler zu machen. Und wenn ich gelernt habe, keine Fehler mehr zu machen, bin ich stark – und lerne nichts mehr. Und um zu beweisen, daß du nicht blöd bist, sollst du dir dann einen Mercedes kaufen.
Da bleibe ich doch lieber blöd und kaufe mir einen kleinen Elch. Einen kleinen Software-Elch, das ist der »Logi«,

den jage ich vor solche Werbesprüche hin. Und es ist interessant, wie oft er zurückkommt und sagt: So ein Schwachsinn!

Die im Orient wissen nichts vom Krümelsauger, haben keine Ahnung von beheizbaren Socken und wissen nichts vom Snore-Control. Sie haben einfach kein Problembewußtsein. Man hat manchmal den Eindruck, es ist ihnen alles wurscht. Dieser Sand überall. Da hast du mit dem Krümelsauger keine Chance. Aber ein Anfang wäre es. Mei, was das für ein Markt wäre. Der Ägypter merkt halt nicht, was er alles braucht. Man muß ihm alles sagen. Von selber merkt er es nicht. Das einzige, was er irgendwann mal gecheckt hat, ist, daß er Waffen braucht. Das hat er kapiert. Waffen können's in der ganzen arabischen Welt brauchen. Und sie nehmen sie auch her. Nicht so wie bei uns, kaufen und nichts damit anfangen. Pflegen, veralten lassen und neue kaufen. Da hat der Araber eine andere Einstellung. Er sagt sich, wenn ich eine Waffe habe, dann mag ich sie auch hernehmen. Da ist der Araber archaischer drauf als der Europäer. Der Araber mag auch einmal zur Abwechslung ein paar über den Haufen schießen. Und mit den Menschenrechten braucht man ihm auch nicht unbedingt zu kommen.
Bei uns machen sie ein Geschiß. Wenn ich da an die 270 Einzelfälle in der Bundeswehr denke, wo sie überlegen, ob es rauskommen darf beziehungsweise vorkommen darf, daß sie rechtsradikal sind.

Sind wir mal ehrlich, ein Rechtsradikaler, der weiß, was er unter Deutschland versteht, der kämpft doch auch ganz anders für Deutschland als ein sogenannter Demokrat. Bei einem Demokraten kann man nicht sicher sein, daß er das Richtige unter Deutschland versteht. Ich schlage vor, die Bundeswehr sollte nur Rechtsradikale nehmen. Rechtsradikale Gesinnung sollte Voraussetzung und Bedingung für die Aufnahme in die Bundeswehr sein. Dann wüßten wir wenigstens immer, wo sie sind. Wir hätten sie alle beieinander, und dann tät' ich sagen: »Burschen, wir haben einen Auftrag für euch, da könnt ihr zeigen, was ihr drauf habt.« Und dann ab in den Irak zum Saddam. Dort könnten sie dann unser Deutschland und unser Öl verteidigen. Das wäre mein Vorschlag. Man muß Deutschland verteidigen, wo man es nicht vermutet. Deutschland in Deutschland verteidigen, dafür ist es ja schon zu spät. Man muß Deutschland im Ausland verteidigen. Wie der Saddam zu unserem Öl gekommen ist, weiß ich bis heute noch nicht.

Der Saddam ist ein raffinierter Hund! Der soll acht Doppelgänger haben. Wenn sie einen geklont haben, dann ihn. Bestimmt haben sie schon einen Menschen geklont. Ich bin überzeugt davon. Immer wenn etwas machbar ist, gibt es einen, der es tut. Für die Menschheit. Für den Fortschritt, für die Wissenschaft. Das Machbare muß ausprobiert werden, um zu sehen, ob es geht.

Mit mir haben sie auch was gemacht. Geklont haben sie mich nicht. Glaube ich nicht. Aber sie haben was ange-

stellt mit mir. Hier oben in meinem Kopf, im Programm. Ich weiß nicht, was sie gemacht haben. Aber es ist was nicht in Ordnung.
Dieser alte Ausdruck für neues Programm, für neue Software, Gehirnwäsche, also Löschen aller Daten, mit anschließendem Starten von Set-up, der trifft es nicht genau. Dieses Wort »Wäsche« ist positiv besetzt. Man verbindet damit Sauberkeit und unterstellt, daß das Hirn verschmutzt war. Obwohl es in einem gewissen Sinne schon stimmt. Die Gedanken sind dreckig, wenn sie die Macht in Frage stellen. Habe ich denn schon einmal die Mächtigen kritisch in Frage gestellt? Ich glaube es nicht. Es ist aber nicht auszuschließen. Unkritisch bin ich nicht.

Also haben sie, wer immer das sein mag, ihr Ziel nicht erreicht. Ihr Ziel war wahrscheinlich, die Nachdenklichkeit zu entfernen. Im Grunde genommen bin ich aber gar nicht nach-denklich, sondern eher vor-denklich.
Nachdenken kann man nur über Dinge, die davor, also vor dem Denken, liegen, also gibt es Dinge, die vor dem Denken liegen. Das müssen keine materiellen Dinge sein, das können auch gedankliche Dinge sein, also Gedanken, über die man nachdenkt.
Nur davor müßten ja wieder Dinge liegen, die ein Nachdenken veranlassen. Davor muß was sein. Die Frage nach dem Davor ist die Hauptfrage.

Je länger ich darüber nachdenke, komme ich immer wieder zu dem Schluß, daß ich das gar nicht bin. Ich bin doch kein Penner! Sage ich mir dann. Aber ich bin es doch irgendwie. Es spricht ziemlich viel dafür. Aber mein Denken, oder sollte ich sagen, ich denke, oder denkt mich etwas? Ja, so ungefähr ist es, ich denke, daß ich gedacht werde beziehungsweise mich etwas denken läßt, daß ich nicht der bin, als der ich erscheine. Erscheinen ist gut. Bin ich eine Erscheinung? Ich erscheine mir, ja, ich komme mir vor wie eine Erscheinung meiner selbst. Ich habe eine Erscheinung von mir. So wie anderen die Jungfrau erschienen ist, so erscheine ich mir selbst. Natürlich habe ich nicht so viel Ehrfurcht vor mir wie andere vor der Jungfrau, aber ich finde es merkwürdig. Und ich werde den Verdacht nicht los, ein anderer zu sein.
Ein Gedanke läßt mich nicht los. Ich glaube mich zu erinnern, vorgehabt zu haben, einer zu werden, den ich mir immer vorgestellt habe, sein zu können. Da war ich aber noch nicht der, von dem ich gedacht habe, der ich sein könnte.

(Deutet auf die Flaschen.)

Daran liegt es nicht! Ich trinke gar nicht. Bin Antialkoholiker. Habe es einmal probiert. Aber war immer besoffen.

Aber wieso war ich *immer* besoffen, wenn ich es nur *einmal* probiert habe? –

Habe in letzter Zeit Momente, wo mir blitzartig die Widersprüche meiner Existenz bewußt werden. So was kann enorm aufhalten. Beispiel: Du bist gerade dabei, etwas Wichtiges zu tun, was weiß ich, sitzt vor dem Fernseher und findest Frau Christiansen ein bißchen hilflos, aber sexy, also eine Situation, wo zwei Emotionen miteinander konkurrieren, und dann fragst du dich, was mache ich hier eigentlich? Gibt es nichts Wichtigeres zu tun? Ich sollte mich eigentlich mehr um meine Kinder kümmern. Und dann machst du da oben die große Datei Kindererziehung auf und überlegst, ob du nicht schon wesentlich früher deinem Kind mal eine hättest runterhauen sollen. Und du fängst an über dein Versagen nachzudenken. Und dabei siehst du immer Sabine Christiansen hilflos zwischen ihren Gästen sitzen. Und dann tust du etwas anderes, um dich davon abzulenken, weil du nicht als Versager dastehen willst, vor dir selber, und du beginnst eine andere Handlung, tust etwas, was du gar nicht vorhattest zu tun. Schreibst einen Leserbrief zum Beispiel, weil du dir sagst, das muß aber mal gesagt werden. Zu einem wichtigen Thema.

Kulturberichterstattung. Du bist der Meinung, daß die Kulturberichterstattung einfach zu wenig fundiert ist. Dabei wird dir plötzlich klar, was du da tust. Was mache ich da? fragst du dich. Ich schreibe einen Leserbrief. Über die Kulturberichterstattung. Und du schämst dich. Wie kann ich nur so blöde sein? Bin ich blöde? Nein, natürlich nicht. Aber warum schreibe ich einen Leserbrief. Warum? Und dann merkst du, daß du das gar nicht tun wolltest, sondern eigentlich deinem Kind eine Züchtigung zuteil werden lassen wolltest, dann ärgerst du dich darüber so, daß du hingehst und deinem Sohn aus heiterem Himmel eine langst… und all das nur, weil du Frau Christiansen einerseits hilflos und andererseits aber auch sexy findest.

Was wollte ich grade sagen? Habe den Überblick verloren. In den Flaschen ist Apfelschorle.
Der Spender soll *nur denken*, daß ich Alkoholiker bin. Denn dann denkt er, aha Säufer, sozial wertvolles Mitglied der Gesellschaft. Trinkt für Deutschland. Denn über die Alkoholsteuer fließt ein Großteil der Anschaffungskosten an die Allgemeinheit zurück. Außerdem verkürzt Alkohol die Lebenszeit. Das sind alles wichtige Punkte für die Kundschaft. Ich kenne Spender, die geben nur an Alkoholiker. Die können logisch denken und verlieren dabei nicht die Gesundung der Staatsfinanzen aus den Augen. Die sagen sich, je mehr einer säuft, desto mehr fließt über die Alkoholsteuer an den Waigel. Und irgendwann hat er Leberzirrhose, nicht der Waigel, sondern der Penner, und er ist weg von der Straße. Und da Penner in der Regel nicht krankenversichert sind und somit auch nicht die Krankenkassen belasten, ist ein Penner ein angenehmer und vorbildlicher Staatsbürger.

Neulich ist mir da in der Oper in München was passiert. Steht am Haupteingang, da wo die vielen Stufen sind, ein Bettler in einem ziemlich schäbigen, langen Mantel und wünscht ganz bescheiden und nett einen schönen Abend. Tut so, als würde er gar nichts von dir wollen. Macht dir ein elend schlechtes Gewissen. Aber so ganz unauffällig auffällig hält er dir ein umgedrehtes Käppi vor die Nase, so daß du einfach was reinwerfen mußt.
Ich schmeiß also einen Zwickel rein, damit er sich einen warmen Leberkäs kaufen kann. Beim Franziskaner drüben. Denk ich mir.
Ich geh' in meine Loge, wer sitzt drin? Der Bettler – im Smoking! »Hab' i gsagt: »Wo ist der Zwickl, her damit.« Sagt er: »Hab' i nimmer, der hat mir grad no gefehlt, damit i mir in der Pause an Pikkolo leisten kann.«
Wir sind dann ins Gespräch gekommen, und dabei stellt sich raus, daß er gar kein richtiger Bettler ist. Er wär' Teil eines Modells der Bayerischen Staatsregierung. Die echten Bettler und Penner würden alle nach Kasachstan ausgeflogen, und die Bayerische Staatsregierung übernehme die Kosten dafür. Bei uns kostet ein Bettler den Steuerzahler ungefähr zweitausend Mark im Monat. In Kasachstan nur zweihundertfünfzig Mark. Und in Bayern würden jetzt auf Vorschlag vom Waigel professionelle Bettler eingesetzt. Voraussetzung ist ein abgeschlossenes Jurastudium. Im Prinzregententheater hält der Everding August Bettelseminare ab. Mit Diplomabschluß. Everding ist ideal als Bettelprofessor, denn der weiß, wie man den

Leuten die Kohle aus der Tasche zieht. Es gibt Leute, die behaupten, sie wären mit einer gefüllten Geldbörse am Everding vorbeigegangen, und danach hätten sie statt des Geldes steuerlich absetzbare Spendenquittungen im Portemonnaie gehabt. Ich habe inzwischen auch einen Schnorrerkurs erfolgreich abgeschlossen.

(Auf verschiedene Schalen deutend:)

Sehen Sie die Schalen da? Wenn nicht, sollten Sie sie sich vorstellen.
Damit die Kundschaft Bescheid weiß. Es muß alles seine Ordnung haben. Diese Schale ist für Silbergeld. Diese hier für Zehnerl und Fünferl und diese hier für ausländische Währungen. Lire, Peseten, Schilling, Pfund, Dollar. Ich wechsle auch. Ja, bei mir gibt es Dienstleistung und Service.

Aber das alles nützt nichts, wenn der Bettler keine Ausstrahlung, kein Charisma hat. Auch das Elend verlangt nach Charisma. Was meine ich mit Charisma? Norbert Blüm, der hat Charisma. Das heißt, wenn er etwas sagt, hört man weniger darauf, was er sagt, sondern man sagt: Wau! Oder der bayerische Sozialminister – wie heißt er noch gleich? –, ich weiß es nicht, der hat keine Ausstrahlung, der hat nur Elend. Eine sehr schöne Elendsausstrahlung hat auch die Barbara Stamm. Richtig, das ist ja die bayerische Sozialministerin. Die drallste Elendsministerin, die wir je hatten.

Für viele Spender ist der persönliche Kontakt zum Bettler ausschlaggebend. Das verstehe ich, der Kontakt mit dem Elend ist wichtig, man will ja wissen, wo das Geld hinkommt, wo man investiert. So eine Gabe muß was bringen. Seelisch. Der Almosengeber muß sich danach besser fühlen. Wenn ich etwas bekomme, dann kriegt der Spender auch was von mir. Das ist mein Prinzip. Er hat auch ein Recht auf eine Gegenleistung. Ein Dankbarkeitsgefühl soll ihn anwehen. Eine kleine Gewissensberuhigung. Auch eine Dienstleistung. Stellen Sie sich mal vor, es gibt keine Bettler mehr, wer spendet Ihnen dann im Vorübergehen dieses angenehme Gefühl, etwas Gutes getan zu haben. Sie müssen es so sehen: Bettler sind mobile Gefühlsspender. Für die kleine Gewissensberuhigung zwischendurch. Man hat nicht immer den großen Spendenhunger, wie zu Weihnachten. Und für den kleinen Spendenhunger zwischendurch gibt's den mobilen Betteldienst.
Man sollte die Leute nicht ohne Ausbildung auf die Straße lassen. Hier fehlt die gesetzliche Regelung. Die SPD steht da in der Pflicht. Armut ist doch ihr klassisches Terrain. Nicht jeder sollte einfach drauflosschnorren dürfen Oder? Ich meine, man könnte doch wirklich eine gesetzliche Bettelrichtlinie festlegen.
Eine Armutsgrenze.
Erst ab da darf einer auf die Straße und als gesetzlich abgesicherter Loser das Straßenbild auflockern. Es treibt sich viel Gesocks und Gesindel rum, die die ganze Bran-

che in Mißkredit bringen. Das unprofessionelle Handaufhalten greift um sich. Vor allem ganz junge Menschen treiben sich da im Bettelbereich herum. Schüler, die nach der Schule ein bißchen betteln. Ich meine, grundsätzlich ist so was anzuerkennen, wenn man für die Zukunft übt, aber es läuft irgendwie aus dem Ruder.

Sie haben sie bestimmt schon erlebt, diese jungen Menschen, die meist hobbymäßig betteln, die an den U- und S-Bahn-Eingängen auf Sie zukommen und unbestimmte Forderungen stellen.
Hast du mal ein bißchen Kleingeld?
Da fühl' ich mich doch falsch eingeschätzt. Wenn ich nur Kleingeld habe, dann sage ich doch, das brauch ich selber. Lieber sind mir die Bettler, die konkret wissen, was sie wollen: »Hasu ma fünf Mark?«
Das ist eine klare, zielgerichtete Forderung. Da sagt sich jeder: Jawoll, der weiß, was er will.

Nein, am besten ist es, nichts dazu zu sagen. Nonverbale Elendsausstrahlung! Das sogenannte Häufchen Elend. Das kommt am besten an. Und kein sonstiges Beiwerk. Keine Schilder, auf denen die Not sprachlich erklärt wird. Das will man nicht. Das ist lästig.
Haustiere können eine interessante Ergänzung sein. Aber sie müssen a liab's Viecherlg'schau haben. Keine Köter! Aber an einem lieben Hunderl kann keiner vorbeigehen.

Ich weiß aus eigener Erfahrung, daß man dem Hund gern einmal einen Zehner spendiert.
Kinder sind weniger gut. Da denkt mancher Spender, was müssen die auch noch Kinder zeugen, wenn sie kein Geld haben.

Also, ich habe mehrere Möglichkeiten. Ich schau mir die Person genau an, die auf mich zukommt, und entscheide dann blitzschnell, welche Strategie am ehesten Erfolg verspricht. Ich sage beispielsweise zu einem mittleren Manager, mit mittlerer Durchsetzungskraft, mittlerem Selbstbewußtsein und mittlerem Einkommen: Ich möchte Ihnen gratulieren zu Ihrem mittleren, aber sicheren Auftreten. Wenn Sie so weitermachen, kann Sie in Ihrer Karriere niemand aufhalten. Ich jedenfalls drücke Ihnen die Daumen. Zack, schon greift er sich an die Arschbacke mittlerer Fitneß und zückt den Geldbeutel. Und dann ist ganz wichtig, ihn nicht mehr länger aufzuhalten. Denn er muß ja seine Zeit nutzen. Die Karriere ruft.
Wenn ich ihn mal soweit habe, suche ich nur noch einen flüchtigen Augenkontakt mit dem Spender und lächle elendig, murmele ein Danke und schließe damit den Almosenakt ab. Das ist eine runde Sache.
Einmal habe ich gesagt: Empfehlen Sie mich weiter! Und tatsächlich: Am nächsten Tag kam er wieder und hatte einen Kollegen dabei. Und jetzt gehören die beiden zu meinen Stammkunden.

Als Almosenempfänger stehe ich ja in einer gnadenlosen Konkurrenz mit den großen Spendenorganisationen. Weltweit! Beziehungsweise heutzutage sagt man global. Sie wissen, was ich meine? Globalisierung des Elends. Caritas, Adveniat, Rußlandhilfe und Unesco und Menschen für Schauspieler, das ist ja uferlos. Bei denen läuft natürlich das meiste anonym. Und das ist für uns Einzelunternehmer beziehungsweise Einzelbettler die Chance. Der direkte Kontakt mit dem Geber!
Man kann sich durch gute Elendsausstrahlung einen Kundenstamm aufbauen. Bei mir kriegen die Leute individuelles Elend. Regional, ökologisch, soziologisch mit Herkunftsnachweis. Auf Nachfrage! Nur auf Nachfrage. Ich dränge mein Schicksal niemandem auf. Das nicht.

Das internationale Elend, Asyl, Kurden, Albanier etc., das kommt bei der deutschen Kundschaft nicht an. Da ist für den inländischen Spender der Armutszusammenhang nicht so klar. Hier im Lande kann der Spender die Armutsursachen, Gewerkschaften, zu hohe Lohnnebenkosten und so weiter leichter nachvollziehen.

Wenn es einer genau wissen will, dann sage ich es ihm auch. Schicksal gibt es bei mir nur auf Nachfrage. Wissen Sie, diese aufdringlichen Typen, die da ihr Elend vor sich hertragen beziehungsweise sofort den Almosenwilligen mit ihrem individuellen Schicksal belästigen, finde ich unerträglich. Ekelhaft. Mann o Mann.

Ich hatte schon einmal professionell mit Schicksalen zu tun. Als Redakteur beim Fernsehen. Da hat mich jemand angesprochen: »Sie sind doch beim Fernsehen, ich kenn' Sie!« Und ich habe sie gefragt: »Ja, was mache ich denn beim Fernsehen?« Sagt die Frau: »Ich war schon bei Ihnen in der Talk-Show.« Und da ist es mir wieder eingefallen, ich habe einmal Talk-Show-Gäste gecastet. Habe Menschen mit Schicksal gesucht. Ich sag Ihnen was, es war hart. Ich hab' das nur ganz schwer ertragen, dieses Elend den ganzen Tag! Es gibt ja nur noch Menschen, die ein Schicksal haben. Es ist ja fast so was wie eine Schicksalsepidemie ausgebrochen. Man kann es gar nicht glauben, aber jeder Mensch hat heutzutage ein Schicksal. Und jeder glaubt, daß sein beschissenes Leben interessant wär. Kaum ist einer arbeitslos, meint er schon, er müßte ins Fernsehen in die Talk-Show. Dabei ist die Talk-Show doch was Besonderes. Durch die Talk-Show wird das Leben eines einzelnen herausgehoben aus der Masse. Man kann doch aber net die Masse aus der Masse herausheben, ich mein', da bleibt ja nichts mehr. So was ist doch tragisch. Ich mein', was ist das schon – arbeitslos? Was ist das schon – Arbeitslosigkeit? Das ist doch normal. Und wen juckt das? Außer der SPD, weil sie gewählt werden will. Aber die Arbeitslosen wählen ja gern die anderen. Weil sie sich von denen mehr versprechen. Die versprechen ihnen auch mehr. Der Arbeitslose verspricht sich gern was und läßt sich gern etwas versprechen.

Der Dicke wollte sie sogar halbieren bis zum Jahr 2000.

Jetzt wird das aber nichts mehr. Hat er selber gemerkt, daß er sich da ein bißchen verrechnet hat. Demnächst wird er selber arbeitslos sein. Und leicht vermittelbar ist der bestimmt nicht. Den kannst ja nicht brauchen. Was kann der? Außer vereinigen?
Aber man muß zugeben, daß er nichts kann – für die Arbeitslosen. Der hat doch keinen ausgestellt. Eingestellt hat er auch keinen. Warum auch, er ist ja kein Unternehmer. Er hat ja keinen Betrieb. Er hat ja nur ein Amt auf Zeit.

Die von der SPD bringen die Arbeitslosen auch nicht weg. Aber sagen dürfen sie es natürlich nicht. Sie müssen so tun, als ob sie ein Rezept hätten. Und sie tun recht schön so, als ob, also schöner schon als die Union.

Am schönsten tut der Schröder. Der hat was! Ein Rezept gegen die Arbeitslosigkeit. Der hat in Niedersachsen die Preussag Stahl AG gerettet. Die sollte nach Ösiland verscherbelt werden. Das muß man sich mal vorstellen, die VÖEST Alpin AG aus dem wilden Schurlistan will die Preussag schnappen. Jetzt hat der Schröder eine Idee gehabt. Das Land Niedersachsen übernimmt die Preussag zu 51 Prozent. Bedingung ist aber, daß 20 Prozent der Aktien von den Beschäftigten übernommen werden. Finanziert werden soll der Kauf durch einen »teilweisen Lohnverzicht«.
Ist das nicht genial!!! Die Mitarbeiter, heißt es, sollen auf

»Urlaubs- und Weihnachtsgeld und sogenannte Einmalzahlungen für Verbesserungsvorschläge verzichten«.

Insgesamt soll jeder Beschäftigte 20 000 Mark investieren. Das ist eine tolle Idee. Die Beschäftigten kaufen sich einen Arbeitsplatz.
Jetzt hab' ich kapiert, was der Schröder mit *modern* meint. Ich würde zusätzlich die Arbeitslosen zur Kasse bitten. Schröder paß auf! Die Arbeitslosen sollen dafür bezahlen, daß sie nicht an Zahl zunehmen. Vielleicht mit folgendem Modell: Zwei Arbeitslose finanzieren einen Arbeitsplatz eines Beschäftigten, damit dieser nicht arbeitslos wird und nicht zusätzlich die Bundesanstalt für Arbeit belasten kann. Ich meine, das wäre Solidarität pur. Solidarität ist so wichtig. Und die SPD hat Ideen dazu. Und mit Schröder einen Mann, der Wirtschaftskompetenz hat. Und der Schröder weiß, daß es ohne Arbeitslosigkeit nicht geht. Der weiß, wenn die Arbeitslosen alle Arbeit hätten, ginge es den Unternehmen lange nicht so gut. Und wie heißt es immer? Wenn es den Unternehmen gutgeht, dann geht es auch den Arbeitern gut.
Da habe ich, glaube ich, einen Fehler reingebracht. *Dem* Arbeiter geht es gut. Nicht *den* Arbeitern. Plural wäre zuviel. Das ist die Mehrzahl. Der Mehrzahl geht es nicht so gut. Der Einzahl geht es immer besser als der Mehrzahl. Das ist eine einfache Rechnung. Und logisch. Und es war schon immer so. Je mehr für einen arbeiten, desto besser geht es ihm. Das ist Solidarität. Viele für einen.

Die SPD ist angewiesen auf die Arbeitslosigkeit. Aber sonst braucht doch die Arbeitslosen wirklich keiner. Hab' ich vielleicht net recht. In einer Talk-Show kann man sie jedenfalls nicht brauchen. Nur wenn noch einer fehlt, dann kann man auch mal einen Arbeitslosen nehmen. Ich hab' sie damals alle zu Meiser geschickt. Der Meiser nimmt alles, was nichts zu erzählen hat. Ist nicht so schlimm, weil der Meiser hat ein Team, die jedem ein Schicksal verpassen, der keines hat. Die kriegen Texte, die sie sich merken müssen, und dann sind sie zumindest für die Sendung interessante Menschen. Ich habe gehört, der Meiser wird sich demnächst sogar selber einladen in seine Talk-Show und sich selber befragen. Er kommt gar nicht drum rum. Seine Frau hat ihn verlassen. Die Geschichte haben ihm seine Autoren schon geschrieben. Er wohnt allein im Hotel. Meldet die Presse. Wie wird Meiser das verarbeiten? In seiner Talk-Show natürlich. Thema: Fernsehmenschen. Schadet Fernsehen der Ehe? Antwort: Nur wenn beide zur selben Zeit ein anderes Programm sehen wollen und nur ein Gerät im Hause steht.
Herr Meiser, fragt Meiser sich selbst, mit mitfühlender Stimme, könnte es sein, daß Ihre Ehe unter Ihrem Beruf gelitten hat? Meiser antwortet Meiser: Kann ich mir nicht vorstellen, denn ich war ja nie zu Hause.
Herr Meister, wie war das in Ihrer Kindheit? Hat Sie Ihre Mutter oft alleine gelassen? – Ja!? – Und warum? – Vielleicht, weil Sie damals schon unausstehlich waren und ständig so intelligente Fragen gestellt haben?

Und haben Sie damals auch schon so gerne öffentlich die Hosen runtergelassen?
Und Meiser antwortet: Ja, ich habe schon immer möglichst viele Menschen an meiner Notdurft teilhaben lassen. Meiser hat vermutlich eine schwere Kindheit gehabt. Wie wir alle eine schwere Kindheit haben. Stimmt's? Kaum hat einer eine Kindheit hinter sich, meint er schon, das interessiert irgend jemanden, na ja, höchstens Gutachter. Doch, Gutachter sind an der Kindheit interessiert, wenn schwere Verbrechen begangen wurden in der – wie sagt man – Erwachsenenheit. Also wenn die betreffende Person einen Menschen umgebracht hat. Sehr aufregend ist natürlich der Kindesmißbrauch mit anschließendem Mord.

Dann marschieren die Gutachter auf und entdecken eine »schwere Kindheit« beim Täter, und wir verstehen plötzlich, warum er so grausam geworden ist. Wir wollen es verstehen können. Wir haben für alles Verständnis. Mensch, sind wir gut!

Gut ist auch, wenn einer eine schöne Kindheit gehabt hat und niemand versteht, warum er so grausam Kinder umbringt. Dann kommt bestimmt ein Gutachter drauf, daß die Kindheit zu schön war, um wahr zu sein.

Jeder hat heutzutage eine Kindheit und leidet darunter. Meistens haben sie einen Vater gehabt, der entweder zu hart war, aber dafür nie da. Auf der anderen Seite war die Mutter zu weich, aber abstoßend, und dauernd da. Dann fehlt bei vielen ein richtiger Ödipus. Der Inzestwunsch, der nicht richtig durchlebt werden konnte.

In der oralen Phase gab es entweder zuviel oder zuwenig Zuwendung. Und in der analen Phase wurde der Scheiß gebaut, den man dann ein Leben lang nicht mehr los wird. Und wenn man das erkannt hat, braucht man einen Psychiater, den man dann auch nicht mehr los wird und der einem immer wieder sagt, in welcher Phase der Scheiß gebaut wurde.

Dagegen hat die Kriegsgeneration eine idyllische Kindheit verlebt. Der Vater war nicht da, weil er Deutschland verteidigt hat. Das ist wenigstens ein Grund! Wenn heute der Vater nicht da ist, dann hat das andere Gründe. Meistens will er sich verwirklichen. Und die Partnerin will sich auch verwirklichen, und dann wird die Situation ziemlich real.

Verwirklichen heißt, daß man das werden will, von dem man noch nicht weiß, ob man es sein kann. Aber wenn man dann nicht geworden ist, was man sich vorgestellt hat, zu werden, muß man wieder zum Therapeuten. Der fragt dann wieder nach der Kindheit. Nach der analen Phase.

Die Kriegsgeneration hat die Scheiße hautnah erlebt. An der Front haben sich auch Erwachsene in die Hosen gemacht. Das nennt man die virile Analphase im Gegensatz zur pädophilen.
Das Gemeinschaftserlebnis Front, das »gemeinsame in der Scheiße liegen«, dann das gemeinsame Saubermachen, Aufarbeiten der Schuld, und dann die Glücksgefühle der gemeinsamen Niederlage. Es ist einfach schöner, wenn alle versagen. War in der Schule schon so, wenn du einen Sechser gehabt hast, hast du dich gefreut, wenn noch einer einen Sechser gehabt hat.

Dagegen ist das, was heute als Schicksal angeboten wird, ein relativ kleiner Scheiß. Anal ist einfach nichts mehr geboten.
Was ist das für ein Schicksal, wenn man immer alles gehabt hat. Keine Entbehrungen, keine Not. Ist doch klar, daß man dann zumindest im Fernsehen a bissel was in dieser Richtung erleben möchte.

Es ist alles so langweilig geworden. Aber es gibt gute Ansätze. In England, habe ich gehört, sollen Videos auf dem Markt sein, wo man zuschauen kann, wie kleine Buben zu Tode gequält werden. Ich mein', das ist doch schon mal ein Anfang. Ich glaube, daß einen so was ganz schön aufregen und einem dabei das Kotzen kommen kann. Könnt' ich verstehen. Und dann kommt der Gutachter und erklärt dir, daß der Mißhandler so handelte, weil er so handeln mußte, weil er ja gar net anders konnte, weil er eine schwere Kindheit gehabt hat. Dann kannst noch mal kotzen.

Kotzen ist zwar nur oral, aber immerhin! Gibt vielleicht auch welche, die so was kalt läßt. Denen ist nicht zu helfen. Grade aber, wenn man selber gefühlsmäßig net grad ein Turbolader ist, dann kann einem so ein fremdes Leid schon was geben.
Auf diesem Gebiet kann das Fernsehen einiges leisten. Und wenn es dir zuviel wird, kannst umschalten in ein anderes Gefühlsbad. Und schon bist mittendrin in einer ernsthaften Sendung. Das Ernsthafte unterhält ja auch ungemein. Deswegen mag ich das Fernsehen so, weil's wie ein Seifenspender ist auf einer öffentlichen Toilette. Nur daß mit der Seife halt ein Schicksal rauskommt.

(Deutet zur Botschaft.)

Die haben bestimmt eine Schüssel. Die kriegen alles rein. Das Erste Programm, das ZDF, RTL und vielleicht sogar den ORF 1.

(Beugt sich zur Gegensprechanlage runter.)

Hallo! Machen Sie bittschön auf, ich muß ganz dringend mal auf die Toilette...

(Er wischt sich den Schweiß von der Stirn.)

Mann, ist das eine Hitze hier! Meine Verdauung ist seit dem ersten Tag völlig durcheinander. Mit der Verdauung hab' ich ja immer Probleme. Ich sag' immer: Ist die Verdauung in Ordnung, ist der Mensch in Ordnung. Deshalb achte ich immer auf eine geregelte Verdauung. Jeden Tag zur selben Zeit. Akribisch genau.

Mein ganzer Tagesablauf richtet sich nach der Verdauung.

Sie kennen das doch bestimmt auch. Sie sind beim Schi fahren. Die Verdauung ist durcheinander durch das Essen im Hotel. Sie können nicht. Verstopfung.

Und grade, wenn Sie sich den Schianzug angezogen haben, meldet sich der Darm.

Deshalb warte ich immer zuerst auf den Darm und gehe dann aus dem Haus. Das kann dann schon mal zwei Tage dauern.

Meine Tochter hat vor kurzem zu mir gesagt: »Wenn du mal deine Memoiren schreibst, dann müßten die eigentlich ›Ich und mein Scheißleben‹ heißen.«

Eigentlich wollte ich ja einen Tauchkurs machen. Da ich aber seit dem ersten Tag in Ägypten mit Flüssigstuhl zu kämpfen hatte, hielt ich es doch für besser, lieber nicht in die Tiefe zu gehen. Denn, was macht ein Taucher, wenn ihn in der Tiefe des Meeres ein dringendes menschliches Bedürfnis ereilt? Schnell auftauchen geht ja nicht, denn der Druckausgleich verlangt ein langsames Auftauchen. Aber der Druck im Darm erzwingt ein flottes nach oben Gleiten. Unterwassertoiletten für Taucher gibt es an-

scheinend noch nicht. Was mich eigentlich wundert. Denn es gibt schon so viel, wo man glaubt, das gibt es nicht. Aber eine Tauchertoilette haben sie noch nicht ins Meer gestellt. Das wäre mal was. Aber in meinem Fall war es besser, erst gar nicht in die Tiefe zu steigen. Es war ja oben schon schwer genug, eine Toilette zu finden. Auch in den Pyramiden war nirgends eine Toilette, obwohl sie sonst an alles gedacht haben, diese Ägypter. Essen haben sie ihren Toten mitgegeben. Aber daß die Nahrung den Körper auch wieder verlassen muß, daran haben sie nicht gedacht. Diese Ägypter! Über die Gestirne nachdenken, höchste Philosophie betreiben, eine Geometrie erfinden, aber weit und breit kein Scheißhaus. Man hätte doch wirklich eine kleine Toilettenpyramide in die Wüste stellen können. Aber nein, daran hat kein Pharao gedacht.
Hallo! Machen Sie bittschön auf, ich muß ganz dringend mal auf die Toilette…
Hören Sie's, jetzt summt es. Jetzt geht der Summer. Wir sehen uns gleich wieder!

PAUSE

Alter ego-Autor:

Der Schauspieler oder *(sehr abfällig)* Kabarettist, hm, hm wie er sich selber zu nennen pflegt, sitzt noch in der Garderobe und blättert in meinem Textbuch, in der Hoffnung, im zweiten Teil nicht hängenzubleiben. Diese Flasche! Hm, hm, hm? Ich habe daher Gelegenheit, mich noch mal direkt an Sie zu wenden. Als Autor. Ursprünglich hatte ich dieses Stück ganz anders geplant. Hm, hm? Die Hauptfigur sollte erst allmählich erkennen und nach und nach verstehen, warum sie so ist, wie sie ist. Das Hauptego habe ich zunächst sehr widersprüchlich auftreten lassen wollen. Hm, hm? Der Charakter einer multiplen Persönlichkeit sollte langsam und Stück für Stück deutlich werden. Die Figur sollte als Versicherungsagent, Rechtsanwalt, Psychologe, Journalist und – selbstverständlich auch – als Kabarettist auftreten. Hm, hm?
Der Zuschauer hätte sich vermutlich ständig gefragt, was ist hier los? Wieso quatscht er jetzt plötzlich wie ein Psychologe daher und hat für alles Verständnis und dann redet er wieder wie ein knallharter Rechtsverdreher? Hm, hm? Gibt sich unverhofft als interessierter Journalist aus, zynisch und nur hinter der Ware Information her? Geil auf Neuigkeiten. Zwanghaft geschwätzig? Hm, hm?

All diese Berufe und die damit verbundenen Charaktere sollten Teile ein und derselben Persönlichkeit sein, die zu verschiedenen Zeitpunkten verschieden stark hervor- und auftreten. Hm, hm? So wollte ich, daß der Rechtsanwalt sehr sprunghaft veranlagt ist. Fähig, vom knallharten Juristen nahtlos in den verständnisvollen Psychologen hinüberzugleiten, um seine Mandanten therapieren zu können. Hm? Der Versicherungsagent sollte vom schlitzohrigen Schlawiner, der seinen Kunden eine überteuerte Lebensversicherung andreht, hm, hm, zum Rechtsanwalt mutieren und seine Branche anklagen. Hm, hm. Und keiner sollte vom anderen wissen! Die Teile einer Persönlichkeit sollten auseinanderdriften zu eigenständigen Typen und am Ende des Stückes wieder zu einem gemeinsamen Raum-Zeit-Kontinuum in einer Figur zurückfinden. Hm? Dies ist nur teilweise gelungen, da die Möglichkeiten des Darstellers – hm, hm, aber lassen wir das besser. Reden wir lieber über mich!
Fragen Sie mich nicht, wie ich da drauf gekommen bin. Immer wieder werde ich gefragt, wie kommen Sie auf so was? Wie kommen Sie überhaupt zu Ihren Ideen? Hm? Ganz offensichtlich ist es so, daß viele Menschen sich nicht vorstellen können, daß einen die Ideen ständig quälen. Immer stehe ich in einem Sturm von Ideen, die um mich herumsausen, mich herumwirbeln und genauso schnell, wie sie mich angeflogen haben, wieder weg sind. Manchmal schwillt dieser Sturm zu einem Orkan an, der mich mitzureißen droht. Sie können sich vorstellen,

welche Angst mich in solchen Situationen befällt. Panik! Todesangst! Hm, hm? Das Schlimmste in diesem Ideentornado, in dem ich mich befinde, ist, daß ich nicht die geringste Chance habe, auch nur eine dieser um mich rumtobenden Ideen zu erwischen. Hm, hm? Das ist bitter! Ich pflege in solchen Zuständen in den Keller zu gehen und eine, manchmal auch zwei bis drei Flaschen Barolo zu trinken. Dieser Wein beruhigt mich immens, und ich finde zurück zu großer Gelassenheit und Geduld. Es fällt mir nach dem Weingenuß sehr leicht, darauf zu warten, bis alles vorüber ist. Hm, hm?
Meistens habe ich dann zwar keine Idee, aber das beruhigende Gefühl, daß es unheimlich viele Ideen gibt und ich nur diesmal keine abbekommen habe. Das ist zwar einerseits frustrierend, aber andererseits auch sehr beruhigend.

(Nimmt ein Aspirin.)

Gestern ist vermutlich wieder ein fürchterlicher Ideensturm über mich hinweggefegt!

Es gibt auch das krasse Gegenteil einer Ideenheimsuchung. Die absolute Stille, stiller als in einem Stilleben. Hm, hm? Die sich langsam anbahnende Bewegungslosigkeit! Eine Lähmung. Auch da kann Barolo helfen. Hm, hm. Besser aber hilft bei drohendem Stillstand Brunello. Hm, hm?
Ich sehe mich bisweilen am dichtbewachsenen Ufer eines Flusses sitzen und zwischen Trauerweiden auf das kräf-

tige Strömen der Wassermassen blicken. Alles ist ruhig und idyllisch. Und ich weiß, im Fluß treiben die Ideen, und ich habe alle Zeit der Welt, mir eine rauszuangeln. Hm, hm? Dumm ist nur, wenn ich keine Angel dabei habe, was auch schon geschehen ist. Hm, hm?
Und es ist auch schon passiert, daß ich mich auf dem Weg zum Fluß verlaufen habe und ich mich plötzlich ganz woanders wiederfinde. In meinem Weinkeller beispielsweise. Hm, hm? Obwohl ich den Weg genau kenne und viele Male gegangen bin, verlaufe ich mich, hm, hm, in eine Bar, wo auch jede Menge Ideen anfallen. Ich muß mich in solchen Fällen schrecklich ärgern. Und wenn dann noch ein Ideensturm aufzieht, der mich hin- und herwirft, bringe ich gar nichts mehr zustande. Hm, hm? Ich habe deshalb immer ausreichend Aspirin zu Hause.

Ich alter Ego! Sage ich dann manchmal zu mir und höre in mich hinein und frage mich: Wer spricht denn da?

Alter ego-Regisseur

Wir hätten jetzt folgendes Bühnenbild. Irgendwo in einem Großstadtviertel. Eine graue, versiffte Häuserwand. Am unteren Ende ein Kellerfenster. Links davon ein dunkelgrauer Telefonkasten. Auf der Frontseite ein Plakat von Bruno Jonas. Der Kasten läßt sich öffnen. Dahinter befinden sich viele Schaltungen und ein Computer.

So stand es in meinem Manuskript, aber dieser Aufsager hat zusammen mit dieser koksenden Regienull alles anders gemacht.

(Plötzlich erschrocken – er spricht hastig, dabei ängstlich um sich blickend.)

Alter ego-Darsteller

Wie? – Was heißt das? – Ich erzähle keinen Scheiß. – Was soll das. – Laß mich in Ruhe. – Das ist lange her. Und wenn du alles so genau weißt, dann weißt du auch, daß ich bei der Geschichte gar nicht anders konnte. Außerdem hätte mir der Thommi die Lederjacke ohnehin geschenkt. Natürlich! Er wollte sie nicht mehr. Sie war für ihn schon ausgemustert. Insofern war es meine, und mit meinen Sachen kann ich machen, was ich will, oder vielleicht nicht? Kann ich erzählen, o. k., kein Problem. Mir ist nur gerade wieder ein bißchen schwindlig. Grins nicht so!

(Zum Publikum:)

Es war so. Ich sitze im Café und trage die Lederjacke vom Thommi. Echt geile Jacke. Nein, muß man sagen. Aber der Thommi hat sie gar nicht mehr getragen. Sie ist in seiner Wohnung ziemlich lieblos rumgehangen. Ich habe bei ihm eine Zeitlang gewohnt. Vorübergehend. Der Thommi hat die Jacke, wie gesagt, nicht mehr getragen.

Ich hab' das schade gefunden, weil es eine wirklich tolle Jacke war.
Und äh, ich habe öfter Sachen von ihm getragen. Warum nicht? Wenn er sie ohnehin nicht trägt. Außerdem hat Thomas so viele geile Klamotten. Viel zu viele, im Grunde genommen.

Also, ich habe die Jacke eines Tages hängen gesehen und mir gedacht, ziehst du sie einfach mal an. Und da habe ich sie angezogen, und sie hat wie angegossen gepaßt. Als wäre sie für mich gemacht gewesen. Es war ein gutes Gefühl.

Und genau da hat das Telefon beim Thommi geklingelt. Bin ich hingegangen. Eine Frau war dran und wollte sich mit Thommi zum Kaffee treffen, und ich sage: Thommi ist nicht da. Und das muß ein Schock gewesen sein für sie, denn sie ist daraufhin sehr depressiv geworden und hat auf mich unheimlich niedergeschlagen gewirkt.

Und da habe ich mich spontan bereit erklärt, für den Thommi einzuspringen. Und ich sage zu ihr, daß ich grade frei wäre. Ich könnte ja mit ihr ins Café gehen. War schon ein Risiko für mich, ich hab' sie ja gar nicht gekannt. Also habe ich mich blind auf Thommis Geschmack verlassen! Man hat sich zwar auf Thommi schon verlassen können, auch wenn er gerade nicht da war, aber es war, wie gesagt, ein gewisses Risiko für mich.

O. k. Ich latsche also ins Café und treffe mich mit dieser Frau, die gar nicht so übel war. Nein, sie war richtig super nett. Klassefrau! Und plötzlich sagt sie zu mir: »Superlederjacke hast du da an.« Und erst da merke ich, daß ich immer noch dem Thommi seine Lederjacke anhabe. Und diese Lederjacke muß wirklich super gesessen haben. Ich war mit ihr verwachsen!

Und wir sitzen da eine Weile im Café und haben ein bißchen was getrunken, gegessen, na ja, und dann habe ich mal geschaut, ob Thommi vielleicht ein bißchen Geld in der Jacke gelassen hatte. Aber Fehlanzeige. Fand ich ehrlich gesagt nicht so kollegial. Ich mein', wenn ich schon mit seiner Tussi ins Café latsche, könnte er wenigstens ein Geld in der Jacke lassen.

Und als ich mal raus muß auf die Toilette, komme ich am Kellner vorbei, den ich ganz gut gekannt hab', und er meint: »Hey, du hast aber heut eine geile Jacke an!« Sage ich: »Kannst du haben. Zweihundert und sie gehört dir.« Der kriegt solche Augen. »Zweihundert«, meint er, »wirklich nur zweihundert?« »Ja«, sage ich, »ich habe da eine gute Connection. Ich komme günstig an solche Jacken.«

Und er ist unheimlich interessiert. Und ich sage: »Nimm erst einmal die. Wenn du willst, besorge ich dir eine nagelneue, aber die ist schon eingetragen, ist dadurch noch geiler.« Und er nimmt sie. Gibt mir die zweihundert, und ich sage, daß er die Zeche gleich abziehen kann.

Ich mit der Schnecke dann zu ihr nach Hause gestiefelt. War ich dem Thommi irgendwie schuldig. War nett. Und als wir bei ihr in der Wohnung ankommen, fragt sie mich, wo ich die geile Jacke gelassen hätte. »Ich hab' gedacht«, sagte ich, »du bist mehr an mir interessiert und weniger an der Jacke« und habe sie dabei angeblinzelt. Und dann hat sie mich auch angeblinzelt. Dann haben wir beide geblinzelt.

Und ich erzähle ihr, daß ich die Jacke an den Kellner verkauft habe und daß ich immer meine Klamotten verkaufe. Das hat ihr gefallen. Es sind ja nur Klamotten. Denn irgendwann sind sie ohnehin abgetragen, und dann will sie kein Mensch mehr. Ich sage, ich häng' nicht am Materiellen. Das hat sie beeindruckt. Und mich übrigens auch.

Und Thommi war gar nicht so sauer. Ich sage, die Jacke habe ich aus Versehen angezogen und anbehalten. Was ja auch gestimmt hat. Weil mir aber die Jacke nicht gehört hat, habe ich natürlich auch nicht so das Gefühl dafür gehabt, besonders drauf aufpassen zu müssen.
Dem Thommi habe ich dann erzählt, daß ich die Jacke aus diesem Grunde wahrscheinlich irgendwo liegengelassen haben muß. Und der Thommi hat dann ein bißchen traurig geschaut.

Ich habe ihn getröstet und ihm gesagt, daß sich bestimmt jemand über die Jacke unheimlich gefreut hat, und es wär ja nur eine Jacke. Und irgendwann hätte er sie sowieso zur Altkleidersammlung geben müssen. Früher oder später. Die Geschichte hat noch eine Pointe. Der Thommi fragt mich ein paar Tage später, ob ich Lust hätte, mit ihm ins Café zu gehen. Ich sage, warum nicht? Und als ich merke, daß er in das Café will, wo ich dem Kellner die Jacke verkauft habe, spüre ich, wie der Boden unter meinen Füßen weniger wird. Durch die großen Fenster sehe ich den Kellner, der die Jacke trägt. Thommi, flehe ich, ich kann da nicht reingehen. Ich hab' da keinen Boden! Thommi meint fürsorglich, kein Problem, er wär' ja dabei. Wir also rein! Es ließ sich nicht vermeiden. Thommi fragt den Kellner, wie er zu der Jacke käme. Habe er gekauft, antwortet der. In einer Boutique! Und da war der Boden wieder da.

(Lacht unsicher.)

Ja, und kurz danach sind die Sonja und ich dann nach Ägypten in den Urlaub geflogen. Die Frau, des war nämlich die Sonja.
Moment, da fällt mir ein, ich war ja gar nicht mit der Sonja, sondern mit der Monika im Urlaub. Also, wenn ich mit der Monika nach Ägypten gereist bin, dann bin ich als freier Journalist hier.
Hoffentlich sind die Mieten alle überwiesen! Ich habe einige Wohnungen. Wegen der Steuer vor allem.

Und ich habe eine Schwäche für Anlagen. Immobilien. Wegen der Steuer. Der Waigel bekommt von mir keinen Pfennig! Das macht Spaß. Alles legal. Ich mache nur, was erlaubt ist. Ich bin allein, Single, und ich zahle keine Steuern. Das macht Spaß. Ich muß aber auch unheimlich dafür ackern! Manchmal verspüre ich unheimlich starke kaufmännische Anteile. Ich kann dann ganz deutlich fühlen, wie ich zum perfekten Kaufmann mutiere. In mir steckt einiges – Donnerwetter.
Hatte schon die Idee, zusammen mit einer großen deutschen Autofirma – ich dachte natürlich an Mercedes – den russischen Markt für Luxuslimousinen zu erschließen. Habe sofort mit dem Vorstand in Untertürkheim telefoniert, wo ich aber nur Stellvertreter erreichen konnte, da die ersten Vorstände entweder in Untersuchungshaft waren oder aber Termine bei der Staatsanwaltschaft hatten. Merkwürdig. Aber vielleicht sollen in Zukunft alle Staatsanwälte auf Ermittlungstour Mercedes fahren. Meine Gesprächspartner waren von meiner Geschäftsidee sehr angetan. Also, mein Vorschlag war schnell umrissen. Ich wollte mit einem russischen Händler, der in einem kleinen Kaff hinter dem Ural sitzt, Luxuslimousinen der S-Klasse vertreiben. Ich dachte an einen Rabatt von 40 Prozent pro Wagen. 20 für mich und 20 für den Vorstand, den ich mit ins Boot holen wollte. Selbstverständlich schwarz, cash und ohne Waigel. Meine Idee stieß auf offene Ohren. Logisch, denn die Rechnung, die ich aufmachte, war bestechend.

Wenn ein Wagen hier im Lande 200 000 Mark kostet, dann bekomme ich als Händler für den russischen Markt einen Nachlaß von 80 000 Mark pro Fahrzeug, so daß mich ein Wagen 120 000 kostet. Nur wer zahlt in Rußland für einen Mercedes so viel Geld? Keiner. Ich wollte die Autos auch nicht wirklich in Rußland an den Mann bringen, sondern von dort zusammen mit dem Russen nach Südostasien weiterverkaufen. Denn dort kriegen wir für einen Luxus-Daimler 300 000. Ja, der Asiate hat ein Gefühl für den Preis. Meine Gesprächspartner waren, wie gesagt, sehr interessiert, aber, so teilte man mir mit, käme ich leider eine Idee zu spät, denn das Geschäft sei bereits genauso abgewickelt geworden, und deshalb ließen sich die Vorstände durch ihre Stellvertreter vertreten, denn bei Gericht könnten sie sich leider nicht vertreten lassen. Dumm gelaufen.

(Lacht stolz, verfällt dann aber in einen jammernden Ton.)

Nun muß ich eben arbeiten. Als fester freier Autor. Drehbücher schreiben! Zum Teil grenzt das an Ausbeutung! Aber was hilft's! Die Zinsen drücken. Habe meine Wohnungen alle voll finanziert. Denn um wirklich die Steuer runterzukriegen, muß man wahnsinnig viele Schulden haben! Das macht nicht immer Spaß, aber ich kann nicht anders! Die Banken haben mich in der Hand. Und die Mieter auch. Mieter sind lästig. Wollen den Markt nicht sehen. Der Markt gibt's her, der Markt nimmt's, sag' ich immer. Darauf sagt neulich so ein unmenschlicher Mieter, er wohne in der Wohnung und nicht auf dem Markt.

Habe schon überlegt, ob ich jetzt nicht doch FDP wählen soll, aber das würde mit einer meiner anderen Persönlichkeiten meiner multiplen Persönlichkeitspalette kollidieren, die bei den Grünen zu Hause ist. Die Ökologie macht auch Spaß. Aktien aus dem Umweltbereich kann ich empfehlen.

(Lacht sehr.)

Wo ist er denn jetzt hin? Der Grinser. Jetzt ist er weg! Aber mir ist grad wieder so schwindelig!

Tolle Toiletten haben die da drin. Vom Feinsten. Diplomatenklo eben. Mit Telefon. Auf diesen Toiletten kann man Beziehungen knüpfen.
Sie wissen ja, ich mußte doch dringend. Bin ich sofort aufs Klo. Einige von Ihnen ja auch, wie ich sehen konnte. Ja, und wie ich da so auf dem Klo sitze, da passiert mir doch was ganz Merkwürdiges.
Ein Typ im Nebenklo sagt ganz leise immer wieder: »Die Gänseblümchen wachsen auf der Heide« vor sich hin.
Hab' ich so aus Gaudi gesagt: »Ja, genau. Und die Erika erfriert im Gebirge.«
Daraufhin schiebt sich ein Aktenkoffer unter der Trennwand durch. Der Typ nebenan spült und verschwindet. Ich hab' mir natürlich sofort den Aktenkoffer gekrallt. Habe mir gedacht, vielleicht ist das die neue Methode, mir meine Unterlagen zukommen zu lassen. Man weiß ja nie, wie die Praktiken in anderen Ländern so sind.

Hab' ich den Aktenkoffer aufgemacht, aber nichts. Waren Papiere drin mit Aktenzeichen drauf und Vermerke: Geheim. Aus diesen Papieren ging hervor, daß die Hanns-Seidl-Stiftung von einer Geheimorganisation ausspioniert worden ist und sich absolut keine Anhaltspunkte haben finden lassen für legale Waffengeschäfte. Verbindungen in die ganze Welt, Superkontakte, aber nirgends ein Hinweis auf irgendwelche illegalen Geschichten. Hanns-Seidl-Stiftung absolut sauber. Zusammenarbeit mit vielen ehrenwerten Geschäftspartnern. Opus Dei, Engelwerk, Vatikan. Das ist sehr interessant. Der Vatikan kauft Maschinengewehre. Wahrscheinlich damit sie keiner weiterverkaufen kann. Der Vatikan ist da recht geschickt mit seinen Waffengeschäften. Die sagen sich: Bevor irgendwelche Waffen in die falschen Hände kommen, kaufen wir das alles. Sehr christlich gedacht.
In den Irak hat die Hanns-Seidl-Stiftung auch gute Verbindungen. Da ist es aber eher um ein Geschäft humanitärer Art gegangen. Medikamente. Ich kenn' mich da nicht so aus, aber in den Unterlagen war oft ein Totenkopf drauf. Entweder war es ein Gag, oder die Medikamente waren aus dem Giftschrank. Die Hanns-Seidl-Stiftung hat da bloß vermittelt. Die haben da bloß die Telefonnummer von einem gewissen Riedl weitergeleitet, und wenn der nicht erreichbar ist, dann kann man auch einen gewissen Strauß Max-Josef anrufen, der tät auch da mithelfen, wenn es um humanitäre Gifte beziehungsweise lebenserhaltende Medikamente gehen tät.

Der Riedl und der Strauß, die müssen irgendwo eine Apotheke haben und einen Spielwarenladen, weil auf den Kisten sollte »Kinderspielzeug« drauf stehen, wahrscheinlich Militärspielzeug. Und da spielt dann wieder ein Erzbischof eine Rolle, der zeitweise auch im Vatikan, aber auch mobil die Beichte abnimmt, und warum der soviel Spielzeug braucht, weiß ich nicht.
Vielleicht sollten die Spielzeugkisten nach Österreich gehen, weil es dort ein paar sehr kinderliebe Bischöfe geben soll.

Agent liegt mir sehr, hab' ich Erfahrung. Ich war schon immer in der Frauenobservation tätig. Man muß nur höllisch aufpassen, daß man nicht dem KSG, dem »Katholischen Schwangeren-Geheimdienst«, ins Gehege kommt. Die operieren sehr geschickt, schwerpunktmäßig im Bistum Fulda. Die Frauen werden in die Beratungsstellen gelockt, und damit man die Schreie nicht so hört, läßt der Dyba die Kirchenglocken läuten! Bei der Frauenbeobachtung kann man aufregende Geschichten erleben. Einmal mußte ich eine wunderbare Frau verfolgen. Ich bin ihr unauffällig hinterher, geht sie in die Oper. Bühneneingang. Steigt in den Aufzug. Ich über die Treppe rauf. Wollte ihr oben am Gang auflauern. Und ich habe mich verlaufen. In so einem Opernhaus kann man sich schnell verirren. Gibt ja welche, die in der Oper verrückt geworden sind. Regisseure erwischt es ganz leicht. Auf einmal steh' ich auf der Bühne, und die Musik setzt ein.

Ich befinde mich mitten in der ersten Szene der *Zauberflöte.* Mozart. Der Prinz Tamino liegt bewußtlos in der felsigen Gegend. Was tun? Ich habe blitzschnell reagiert. Habe sofort gemerkt, wer ich bin. Papageno. Musik hat erst einmal 96 Takte allein. Ich sofort durch die felsige Szene gelaufen. Voll gemimt. Dann kommt mein Einsatz. »Ich bin der Vogelhändler ja, stets lustig, heißa, hoppsassa…«, kein Mensch hat gemerkt, daß ich auf Frauenbeobachtung war. Die Bühne teilt sich, und wer steht vor mir? Die Königin der Nacht. Und das war die Frau, die ich observiert hatte. Und dann habe ich nicht mehr anders können und gesungen: Oh, wie so trügerisch sind Frauenherzen… seitdem bin ich auch Opernsänger.

Und da sind die spielerischen Fähigkeiten sehr wichtig. Ich spiele ja für mein Leben gern. Irgendwie ist mein Leben wie ein großes Spiel. Ich kann mich einfach in alles reinversetzen. Und wenn ich mal einen Gedanken angedacht habe, kann es sein, daß sich der total verselbständigt. Und dann kann ich ihn nicht mehr bremsen. Der will zu Ende gedacht werden.

Neulich wollt' ich mich schon mal umbringen: Das heißt, nicht total, sondern nur ein Teil von mir. Ich hab's zuerst gar nicht gemerkt. Ich steh' da auf der Autobahnbrücke und denke, da geht's aber weit runter. Wenn du runterspringst, hast kaum eine Chance. Ich mein', eine Chance hast du eh nie.

Und dann hat der Gedanke nicht aufgehört zu denken. Wie ist des, wenn du da runterspringst, wie ist der Flug, wie klatscht du unten auf, tut das noch weh, wenn ja, wie lange. Und dann war ich schon soweit, daß ich es ausprobieren wollte.

Aber da war es von großem Vorteil, daß ich nicht allein war. Weil die anderen mit mir geredet haben.
Der Hysteriker hat sich gemeldet und gesagt: »Wahnsinn! Tolle Idee! Das gibt eine Schlagzeile in der *Bild.* Ich bewundere dich wahnsinnig. Nur, wenn du da runterspringst, lebe ich nicht mehr.«

Sagt der Schizo: »Um dich wäre es nicht so schade. Aber ich lebe dann auch nicht mehr, und dann würde mir etwas fehlen.«

Der Depressive, der springen wollte, hat gemurmelt: »Ich spring' da jetzt runter. Dann kümmert sich vielleicht mal einer um mich.«

Der Schizoide hat gesagt: »Wenn du da runterspringen willst, bitte, ist deine Sache, aber zieh' mich da nicht mit rein.«

Und dann sagt der Zwanghafte: »Selbstmord, das darf man doch nicht machen! Ist doch verboten. Außerdem, wie schaut das aus, wenn wir da unten als Batz rumliegen. Und keiner kann uns auseinanderhalten.«

Ja, und das war der ausschlaggebende Punkt, warum ich nicht gesprungen bin.
In dem Fall war's ja ganz gut, daß da einer widersprochen hat, aber manchmal kann dir das schon unheimlich auf den Wecker gehen, wenn du multipel bist und alle mitreden.
Ich war neulich beim Fußball – ein Teil war im Stadion, der andere Teil war in der Kneipe und hat den Sieg begossen.
Dabei haben die verloren, und der Rausch hat nicht zum Ergebnis gepaßt. Unangenehm so was. Total daneben.
Bei mir driftet die Persönlichkeit manchmal auseinander, so daß die verschiedenen Teile zu bestimmten Zeiten an verschiedenen Orten sind.
Ich kann das Raum-Zeit-Kontinuum auflösen. Wenn ich mir's recht überleg', frag' ich mich schon, warum man mich noch nicht anbetet.
Ans Kreuz schlagen lass' ich mich fei nicht. Ich lass' mich höchstens auf eine Festplatte kopieren. Und dann könnt ihr mich löschen. Das muß als Erlöserritual reichen.

Manchmal kommt es vor, daß ich nicht weiß, wer ich gerade bin. Anfangs hat mich das irritiert, weil es ja doch verschiedene Gefühle sind, die man empfinden muß. Gefühle von Trauer, Heiterkeit, Losgelöstsein, Gefühle der strengen Ordnung, und alle Gefühle zusammen ergeben Gefühlsbäder von heiß nach kalt und den Grau- beziehungsweise Zwischenwerten. Und man sollte schon darauf achten, daß die Gefühle einigermaßen zusammenpassen. Man kann seine Mitmenschen schon arg verwirren, wenn Trauer erwartet wird und man heiter gestimmt zur Beerdigung kommt und fragt: Was kostet denn hier die Halbe Bier? Das paßt nicht. Oder sagen wir, selten paßt es.

Stellen wir uns vor, eine Persönlichkeit bietet das Zwanghafte an und eine andere mehr das Hysterische. Ein Polizist pocht auf die Einhaltung der Straßenverkehrsordnung, und ein lustiger Autofahrer fährt bei Rot über die Kreuzung, weil keiner kommt. Weil er sagt, wenn keiner kommt, was soll das Rot? Und der Polizist sagt: Rot ist rot, es ist egal, ob einer kommt.

Sehr wichtig ist auch, wenn einer sagt: Diesen Hinweis bitte nicht beachten. Also beachten, daß man ihn nicht beachtet. Da wird von der Grundstruktur her einiges verlangt. Da mußt du gut drauf sein.

Nicht jeder bringt die gleichen Voraussetzungen mit. Die Voraussetzungen schaffen die Eltern. Es gibt ganz verschiedene Eltern. Es gibt eher gescheite Eltern, die sagen, unser Kind ist uns so wichtig, da trauen wir uns selber gar net ran, wir schauen, daß wir möglichst wenig Kontakt mit unseren Kindern haben, wir wissen ja aus eigener Erfahrung, was man da alles falsch machen kann.

Am besten gleich von Anfang an eine wildfremde Person mit der Erziehung beauftragen, damit das Kind gleich spürt, es gibt noch andere außer den Eltern. Es gibt ja heute Erziehungsprofis, die pädagogisch, soziologisch, psychologisch, didaktisch, therapeutisch alles beherrschen, damit aus dem Kind ein therapiefreudiges Wesen wird.

Ich mein', das ist nicht schlecht, wenn ein Kind therapieoffen ist. Weil: Eine Therapie braucht heut' ein jeder.

Die Grundlage jeder Persönlichkeit wird in der Kindheit gelegt. Kindheit ist das Fundament jeder Störung. Ohne Störung kommt keiner aus. Daß das einmal klar ist von vornherein. Ein störungsfreies Kind ist ein Psychokrüppel.

Bei mir hat man diesbezüglich nichts vermieden. Ich habe unheimlich viel Glück gehabt mit meinen Eltern. Meine Mutter hat mich gleich nach der Geburt allein gelassen. Weil ich immer so laut geschrien hab' – wie am Spieß, haben sie gesagt. Es muß nervtötend gewesen sein. Grad z' Fleiß hätt' ich das gemacht, um sie zu ärgern. Aber sie haben geschickt darauf reagiert. Ich möcht' fast sagen pädagogisch. Sie haben mich in ein Zimmer gelegt, die Tür zugemacht und mich einfach brüllen lassen. Ich hätte dann noch mehr und noch lauter geschrien. Kein Mensch hat das verstanden. Meine Eltern sind im Nebenzimmer gesessen und haben nur noch den Kopf geschüttelt. Um meinen Willen zu brechen, haben sie mich einfach weiterschreien lassen, bis ich zu müde war zum Schreien. Dann haben's gesagt: Jetzt ist er staad. Das war wieder nicht richtig, weil sie mir »grad jetzt« mein Flascherl geben wollten. So geht es nicht, haben sie gesagt, grad jetzt, wo das Flascherl warm wär, tät er schlafen! Drum haben sie mich wieder aufgeweckt. Weil es so nicht geht. Und blöd wie ich war, habe ich gleich wieder geschrien. Warum schreit er denn jetzt scho wieder? haben sich die Eltern gefragt und haben mir das Flascherl wieder weggenommen, weil sie gesagt haben, solange er so schreit, kriegt der sein Flascherl nicht, weil es so nicht geht! Solange du das Schreien nicht aufhörst, kriegst auch nix zum Essen! Als sie mich einmal gewogen haben, haben sie festgestellt, daß ich nicht zunehm'. Ich hätt' längst mehr wiegen müssen. Ja, wenn der Bub nichts ißt, kann er auch nicht zunehmen. Vor lauter Schreien kommt er nicht zum Essen. Irgendwann war ich still und hab' das Flascherl gekriegt. Danach habe ich aber wieder geschrien. Also ich kann mich nicht beklagen!

Am besten ist es natürlich, wenn man alle Störungen in einer Persönlichkeit vereinen kann.
Aber es ist nicht leicht. Weiß ich aus eigener Erfahrung.
Das Multiple verlangt schon Konzentration.
Mir ist folgendes passiert: Ich habe eine Persönlichkeit mit der anderen durcheinandergebracht.
Ich war hypochondrisch unterwegs, jede neue Krankheit sofort gehabt, und gleichzeitig habe ich vergessen, keine

Angst vor Krankheiten zu haben. Das war kontraproduktiv! Blöd so was. Daraufhin habe ich echte Beschwerden bekommen. Verstopfung. Habe mich also unbewußt aufs Zwanghafte zurückgezogen, um einen gewissen Halt zu bekommen. Da sind dann ganz neue Gefühle entstanden. Zwanghafte Hypochondrie gepaart mit depressiver Freude und schizoider Traurigkeit.

Oder anderes Beispiel. Eine Kombination aus schlitzohrigem Versicherungsagenten, also schizoid-hysterisch, und verständnisvollem Rechtsberater, also depressiv-zwanghaft.

Das hat so ausgeschaut, daß ich den Leuten Versicherungen aufgeschwatzt habe, und wenn ich sie soweit gehabt hab', daß sie unterschrieben haben, habe ich mich in ihre Lage so hineindenken können, daß sie mir unheimlich leid getan haben, so daß ich Ihnen die Versicherung wieder habe ausreden müssen. Waren recht schöne Erlebnisse! Das Multiple ist aufregend!

Deshalb bin ich für die variable multiple Persönlichkeit, mit der man dann je nach Bedarf an die jeweilige Situation andocken kann. Das ist der Mensch der Zukunft. Hysterisch-innovativ-modern, schizoid-erotisch-durchsetzungskräftig, depressiv-einfühlend-verständnisvoll und zwanghaft-ordnungsliebend-sicherheitstüchtig. Da müssen wir hin! Das hat nichts mit Opportunismus zu tun, das ist ein überholter Typ. Der neue Mensch ist flexibel, modern, wechselhaft. Mit einem Wort Schröder!

Der kommt gut an. Nicht immer beim Volk, aber im Vorstand der SPD. Man muß auch im Vorstand ankommen können – der Automobilindustrie zum Beispiel. Das ist wichtiger als beim Volk. Schröder kommt überall gut an. Bei den Frauen sowieso, aber auch sonst ist er einer, der gut ankommt. In Hannover ist er erst einmal gut weggekommen.

Jetzt sind alle gespannt, was er macht und ob er den Kohl ablösen kann. Darum geht's. Aber nicht nur. Die Wähler und Wählerinnen haben verstanden, worum es geht. Er selber weiß es zwar nicht, aber Hauptsache, die Wähler wissen, worum's geht. Das ist die Stärke vom Schröder: Sagen Sie mir, worum es geht.
Sagt Schröder. Ach, darum geht's, daß die Wählerinnen und Wähler verstehen, was sie verstehen müssen und sollen. Die Wählerinnen und Wähler sind sehr verständnisvoll. Es geht nicht um einen Machtwechsel, sondern um einen Politikwechsel. Es geht also um dieselbe Macht mit einer wechselnden Politik. Und dafür steht Schröder.

Er wechselt gern mal durch. Als erstes hat er die Frau gewechselt. Es geht nicht um einen Erotikwechsel, sondern um einen Frauenwechsel. Die gleiche Erotik mit einer anderen Frau. Vielleicht läßt er sich vor der Wahl noch mal scheiden, so was kommt an. Die Zeit ist reif für den Wechsel. Und modern. Er will eine moderne Politik. Er will alles modern machen. Man muß mit der Betonung aufpassen, bei modérn. Sonst heißt es plötzlich módern.

Auf die Betonung kommt es an. Es geht um keinen Sprachwechsel, sondern um eine Wechselbetonung. Er setzt Schwerpunkte. Aber die Interpunktion bleibt die gleiche.

Schröder hat bei Sabine Christiansen gesagt, er will die Zeit schneller machen. Das hat Niveau. Und zwar das gleiche wie das von Kohl. Der wollte blühende Landschaften im Osten einrichten und die Arbeitslosenzahlen halbieren. Die Zahlen hat er halbiert, nur die Arbeitslosen haben sich nicht dran gehalten. Und nun will Schröder die Zeit beschleunigen. Bitte. Das ist modern. Dann geht der Tag schneller rum, wenn die Zeit schneller ist, wird in einer Stunde weniger weggearbeitet, also bleibt Arbeit übrig. So wird die Arbeit immer mehr, und die Unternehmen stellen Leute ein.

Schröder's time speed model. Der schnelle Sozi aus Hannover, der moderne Turbokanzler fürs moderne Wechseldenken.

(Lichtwechsel – Musik setzt ein.)

Gerd-(Schröder-)Rap

He, Leute, bitte bitte seid doch mal still,
da redet einer, der weiß, was er will
es redet da vorne der kommende Mann
er kommt überall unheimlich gut an
er redet den Leuten auch nach dem Mund
er wechselt die Meinung von Stund zu Stund
man nennt ihn deshalb auch Wechselmann
weil er schnell die Meinung flexibeln kann

Jetzt kommt Gerd
der neue Mann
Jetzt kommt Gerd
der mit jedem kann

Jetzt kommt Gerd
von der Deutschland AG
Jetzt kommt Gerd
von der SPD

Er spricht immer in so schönen Worten
er beherrscht fließend alle Floskelsorten
er kann sehr schöne Reden schwingen
er kann's rhetorisch gut rüberbringen
schon wieder hör ich das Wort »modern«
ja dieses Wörtchen gebraucht er gern
und wir alle hören's immer wieder gern
denn es klingt so schön modern modern

Sie lassen ihn kommen, wo immer er kann
weil er das so gut wie sonst keiner kann
mehr muß nicht sein und wäre zu viel
denn es gibt nur dieses eine große Ziel
und wie er das macht, ja das hat Stil
und er kriegt die Macht, weil er sie will
und weil unser Mann das Land regieren will
heißt Macht Macht und nur Macht das Ziel

Die Fraun liegen ihm überall zu Füßen
und sie finden ihn einen ganz ganz Süßen
er ist wirklich ein ganz toller Hecht
selbst seine Feinde finden ihn nicht schlecht
darauf kommt's an und nur darauf kommt's an
er ist der Typ, mit dem man gewinnen kann
drum spricht sehr viel für den kommenden Mann
der kommende Mann kommt überall an

Er ist gut im Kommen im ganzen Land
selbst der Gegner hat das nun erkannt
das muß was bedeuten, das will was heißen
denn die brauchen länger, um was zu überreißen
Unser Mann kann gut mit Worten umgehen
ja unser Mann kann gut die Worte verdrehen
er ist flexibel wechselhaft und modern
er wechselt gern, ich kann's nicht mehr hörn

Heribert Prantl schrieb in der *Süddeutschen Zeitung:* »Die SPD hat begonnen zur Heimat für diffuse aber mächtige Ängste der Menschen zu werden: vor Arbeitslosigkeit, vor der Globalisierung, vor der Macht der Märkte und dem Terror der Ökonomie.« Sind das die Identitätswaren in der Auslage der SPD? Bietet die SPD Heimat an? Und schon wieder muß ich mich fragen, was ist das: Heimat?

Des is des, wo i herkimm? D' Hoamat ist da, wo i auf d' Welt kemma bin, wo i aufgewachsen bin, in d' Schui ganga des is da wo i dann wegganga bin und wo i oiwei wieder hikimm.

Aber wer kann so was von der SPD sagen? Keiner ist in der SPD auf die Welt gekommen, keiner ist in der SPD aufgewachsen, und kaum einer ist dort in die Schule gegangen, aber was stimmt, daß viele von der SPD weggegangen sind, und ob viele wieder hinkommen zur SPD, muß sich erst noch zeigen.

Obwohl der heilige Nothelfer Gerhard Schröder schon viele anzieht. Viele pilgern jetzt zu ihm hin und rufen ihn an. Auch die Arbeitslosen knien nieder vor ihm und hoffen, daß er ihnen hilft. Und der Gerhard wird sagen: Du bist arbeitslos, meine Gedanken sind bei dir. Ich würde dir gern helfen. Aber die Globalisierung ist schuld. Ich und die SPD können da nur wenig tun. Aber schön, daß du zu uns gekommen bist. Ganz vorne auf dem großen Altar in unserem Luftschloß haben wir ein Bild vom heiligen Gerhard, dem modernen Politikwechsler. Knie nie-

der und meditiere ein bißchen vor seinem Bild und murmle das Mantra der Loser: SPD SPD SPD!
Über zwei Jahre hat Lafontaine die Kandidatenfrage offen gehalten. Das war sehr geschickt. Das hat uns alle neugierig darauf gemacht, wer es endlich wird. Inhalte haben uns daher wenig interessiert. Was der Mann vertreten wird, war uns mehr oder weniger wurscht. Die Frage, die anstand, lautete: Oskar oder Gerhard? Sehr geschickte Marketingstrategie. Man hält das Produkt so lange zurück, sagt, wir wissen nicht, wen wir euch anbieten können, aber es könnte einer der beiden sein oder vielleicht auch eine Frau. Und dann läßt man eine Landtagswahl heraufziehen und sagt den Wählern, ihr könnt entscheiden, wer es wird. So lenkt man von einem Programm ab, das man sowieso nicht hat, und behauptet, man brauche einen Politikwechsel.

Wundert mich eigentlich, daß mich noch keiner mit dem Schröder verwechselt hat. Aber mit einem anderen SPDler haben's mich schon verwechselt.

Mit dem Bürgermeister von Burghausen.
Das habe ich ja überhaupt nicht verstanden. Weil, wenn schon Politiker, dann habe ich mir immer eine Verwechslung mit einem Vollblutpolitiker von der CSU vorgestellt. Protzner, das wäre mir eine Ehre. Wenn's auch nicht leicht wäre.
Aber Bürgermeister von Burghausen. SPD. Nein, nein,

nein. Ich habe nie gedacht, daß ich so sozialdemokratisch rüberkomme. Ich habe mich immer a bissel dümmer eingeschätzt. Aber so kann man sich irren.

Den Bürgermeister von Burghausen kenn' ich ja. Das ist der Steidl Hans. Macht eine recht gute Figur da. Mit der Chemie und dem Jazz und der Kleinkunst.
Und hat erfreulich viele Ampeln in die Stadt gebaut. Wenn viele Ampeln in der Stadt sind und man sich fragt, warum ist da eine Ampel, dann kannst du sicher sein, SPD-Bürgermeister mit grüner Mehrheitsbeschaffung. Der Bürger muß sich einfach fragen. Die SPD möchte noch mehr gefragt werden, ob sie nicht noch irgendwo eine Ampel aufstellen könnte. Und meistens sind sie rot. Die Ampeln.

Die Farben stimmen nicht auf den Ampeln, find' ich. Bei Rot muß man stehen. Politisch ist das für die SPD nicht gut. Rot ist in den Köpfen der Bürger mit Stopp verbunden. Rot heißt, da werde ich aufgehalten. Und das stimmt für die SPD nicht. Bei der geht alles zügig. Da geht was vorwärts. Ich würde die Ampeln anders schalten. Ganz oben hin, statt Rot: Grün. Bei Grün geht nichts weiter. Grün heißt Stillstand.

Und Rot heißt vorwärts! Gelb würd' ich ganz raushauen. Heißt ja bisher: Achtung, kann was passieren; und an der Ampel bedeutet Gelb: Gang einlegen, aber warten bis es grün wird. Statt Gelb würd ich Schwarz nehmen. Wenn Schwarz kommt, heißt es dann: Vorsicht, gleich geht's weiter! Und wie geht's weiter? Wenn die Ampel umspringt, kommt Rot oder Grün. Dann stehen wir wieder. So wie ich jetzt hier vor dieser dämlichen Botschaft, und nichts geht weiter. Irgendwie ist bei mir die Ampel auch auf Rot.

Dabei hab' ich schon gedacht, jetzt geht's vorwärts, als ich zu der Beamtin reingegangen bin. Die hat mich ganz freundlich begrüßt: »Ich kenn Sie doch?«

Ich: »Wirklich? Na endlich! Wer bin ich denn?«

Sie: »Na der, der letzte Woche schon mal da war.«

Aber weiter hätt' sie jetzt auch nichts rausgefunden. Sie hätt' in Deutschland angerufen und versucht, jemanden zu erreichen, der meine Identität bestätigen könnte, aber sie hätt' niemanden erreicht.

Da wollt' ich meine Eltern anrufen, aber die gehen nicht ans Telefon, die hören das nicht, weil sie beide schwerhörig sind und den Fernseher immer so laut aufdrehen, daß sie sonst nichts mehr hören.

Meine Exfrau brauch' ich gar nicht erst anzurufen, die will nichts mehr von mir wissen, für sie existiere ich nicht. Und dann hat mir die Botschaftsangehörige erzählt, daß in Deutschland mein Alter ego in die CSU eingetreten ist. Wie kann dieser Jemand einfach meine Identität annehmen, ohne daß einem auffällt, daß der nicht ich bin?

Wenn ich mir vorstell', daß der jetzt in meiner Wohnung wohnt, in meinem Bett schläft, meine Klamotten anzieht,

mit meinem Auto durch die Gegend fährt. Mein Geld ausgibt!
Unter Umständen meinen guten Ruf ruiniert!
Ich muß doch einem fehlen. Muß einem abgehen. Vielleicht sucht schon einer nach mir. Hat eine Vermißtenanzeige aufgegeben. Aber keiner glaubt ihm, daß ich nicht da bin, weil der andere da ist! Mein einziger Freund wird ins Irrenhaus gesperrt, und ich komme nie wieder hier weg!

Dabei hab' ich mich so gefreut auf diesen Urlaub. Endlich mal weg von zu Hause, was anderes sehen, Pharaonen, Pyramiden, Wüste, Nil. Und dann diese Kultur und vor allem das Hochwasser.

Ja, der Zusammenhang zwischen Hochwasser und Kultur hat mich schon immer gejuckt. Das muß ich zugeben. Ich hätt' auch nach Indien fahren können, am Ganges und Indus ham s' auch sehr schöne Überschwemmungen – und eine hohe Kultur. Oder China – auch eine Möglichkeit, weil am Jangtsekiang oder am Hoangho haben's auch schöne Überschwemmungen, aber Ägypten ist da halt doch einmalig.

Für mich als Niederbayer wäre auch die Donau interessant gewesen. Aber man muß einfach feststellen, daß sie an der Donau, obwohl sie auch sehr schöne Überschwemmungen zustande gebracht hat, kaum Pyramiden gebaut haben.

Vielleicht haben sie auch Pyramiden gebaut, aber heutzutage steht keine mehr. Soviel ich weiß, waren an der Donau Kelten und relativ wenig Ägypter. Obwohl es nicht auszuschließen ist, daß auch die Ägypter mal an der Donau waren. Aber eher nicht.

Obwohl der Ägypter mit dem Niederbayern sehr viel Gemeinsames aufwirft. Auch der Niederbayer ist ein großer Baumeister. Wenn auch der Niederbayer eher runde Bauten bevorzugt. Kann man heute noch betrachten an den vielen Erkern. Der Niederbayer erkert gern. Und er baut in der Gemeinschaft der Nachbarn. Auch eine Pyramide war nur mit vielen Händen möglich. Aber der Niederbayer legt nicht soviel Wert auf die Grabkammer. Dennoch fällt auf, daß die Ägypter mitten in die Wüste diese Pyramiden hingestellt haben. Wenn wir in Niederbayern mehr Wüsten hätten, wer weiß, ob nicht auch der Niederbayer eine Pyramide gebaut hätte. Vermutlich schon.

Also langer Rede kurzer Sinn. Mich hat interessiert, ob der Lößboden im Gäuboden, der zweifelsohne auf Grund der donaulichen Überschwemmungen entstanden ist und zu einer großen Kultur in Bayern geführt hat, mit dem fruchtbaren Nilschlamm eine Gemeinsamkeit dahingehend aufweist, daß Schlamm und Sumpf unweigerlich zu hoher Kultur führen. In Ägypten war es so. In Bayern ist es heute noch so. Nil und Donau, zwei

Schlammbringer sorgen in den Niederungen für Kultur! Die Hauptfrage war für mich: Wird Kultur angeschwemmt? Entsteht Kultur wirklich nur im und am Wasser? Oder gibt es auch eine Trockenkultur? Quasi Heißluftkultur? Natürlich nicht. Ohne Wasser entsteht nichts!
So lauteten die Fragen, die ich noch beim Einchecken am Flughafen in München Erding formuliert hab', während mich ein Sicherheitsmensch aus Sachsen unsittlich berührte.

Wenn ich's mir recht überlege, dann hat alles schon zu Hause angefangen. Und zwar bei mir zu Hause im Wohnzimmer.

Mit einem Anruf. Das muß vor zwei Jahren gewesen sein. Ich weiß nicht mehr, warum ich zu Hause war. Denn normalerweise war ich nicht zu Hause. Muß irgend etwas Ungewöhnliches passiert sein. Was weiß ich. Irgendein Fehler in der Terminplanung. Normalerweise war ich mehr außer Haus als zu Hause.

Zum Glück für meine Frau und die zwei Kinder. Sie fühlten sich am wohlsten, wenn ich nicht da war. Logisch, dann ist einer weniger da, und schon sinkt die Konfliktgefahr um 25 Prozent.

Ich sitze also allein vor dem Fernseher. Die Kinder waren vermutlich schon im Bett oder spielten Crash Bundy Coot oder irgendein anderes pädagogisch wertvolles Spiel an der Play Station. In jedem Fall waren sie ruhig, und es war nichts von ihnen zu hören. Und die Gisela, meine Frau, also meine Exfrau, war schlafen gegangen. Also ich zappe rum, schalte durch das Programm, lese dabei die Zeitung, das mache ich immer so, beim Fernsehen lesen, Fernsehen ist mir einfach zu wenig. Ich treibe immer mindestens zwei Dinge gleichzeitig, manchmal sogar drei Sachen nebeneinander. Und als ich gerade überlege, noch das Radio dazu einzuschalten, bißchen Free-Jazz zur allgemeinen Untermalung (und manchmal drehe ich dazu noch die Dusche auf, dann habe ich das Gefühl, es regnet, da kommt multiemotionale Stimmung auf), da klingelt das Telefon. Aha, ein Anruf denke ich.

Ich schaue auf die Uhr, es ist kurz nach 1 Uhr in der Nacht, sakradi, denke ich, da denkt noch jemand an dich, sucht ein bißchen Kommunikation, und ich frage mich neugierig, welcher nette Zeitgenosse wohl um diese späte Stunde noch ein Gespräch sucht? Na, denke ich, ist vielleicht was Wichtiges, eventuell eine Umfrage zum Kaufverhalten, oder verwählt. Ich war schon unheimlich gespannt, wer ich sein sollte. Habe auf dem Weg zum Telefon gehofft, ein Kabarettist oder ein Politiker zu sein, weil, das war ich noch nicht so oft. Aber auch alles andere war mir recht.

Ich gehe also hin und melde mich mit einem freundlichen Hallo. Und es kommt erst mal eine Pause. Mit so einem freundlichen Hallo kann man seinen Gesprächspartner ganz schön verblüffen. Dann tiefes, schweres Atmen. Aha, denke ich, der Mann ist ganz außer Atem, telefoniert beim Joggen, gib ihm etwas Zeit, denke ich. Und als die Pause immer länger wird, muntere ich ihn mit dem Satz auf: »Na, du Wichser, bist du bald fertig?«
Worauf die Stimme fragt: »Spreche ich mit Nepomuk Kuschl?«

Jetzt benötige ich eine Pause. Nepomuk Kuschl? überlege ich.
Ich hatte mal eine Figur für eine Sitcom entwickelt, die Nepomuk Kuschl hieß. Und dieser Nepomuk Kuschl hatte natürlich etwas von mir. Ich hatte ihm einige Anteile meiner Person sozusagen abgetreten. Wie man das halt so macht als Autor. Ich hatte ihn sozusagen gezeugt und in die Welt gesetzt.

Ich antworte: »Nepomuk Kuschl? Jaja, wenn Sie den meinen, der bin ich schon auch. Eigentlich ist er mehr ich.«
Anrufer: »Das tät' ich aber wissen! Sie lügen! Sie sind nicht Nepomuk Kuschl. Wer san denn Sie überhaupt?«
»Ich bin Nepomuk Kuschl.«
»So ein Zufall. Sind Sie immer noch mit der Gisela zusammen, oder läuft die Scheidung schon?«

»Mischen Sie sich nicht dauernd in mein Leben ein. Ob ich mich scheiden lasse oder nicht, das ist meine Angelegenheit.«

Dann hat er den Hörer aufgeknallt. Ich muß zugeben, die Situation hatte was. War mal was anderes.

War ein bißchen konfus. Bin dann ins Arbeitszimmer gegangen und habe den Ordner mit den Exposes und Entwürfen hervorgeholt. Habe nach Nepomuk Kuschl gesucht. Er war nicht da. Der Leitzordner. Ich habe alles auf den Kopf gestellt. Alles war noch da, bis auf den Leitzordner Nepomuk Kuschl. Ich habe vielleicht eine Wut bekommen. Verfluchte Schlamperei! Wo ist der Ordner mit Nepomuk Kuschl? Ich bin rübergegangen zu Gisela, die schon eingeschlafen war. Habe sie geweckt: »Weißt du, wo der Ordner Nepomuk Kuschl ist?«
»Was???«
»Nepomuk Kuschl. Du weißt schon, die Geschichte mit der Fortsetzungsfamilie?«
»Sag mal, ich glaub', du spinnst. Schau mal auf die Uhr.«
»Es ist mir egal, wie spät es ist, ich will nur wissen, ob du weißt, wo der Ordner mit den Treatments ist. Du hast das doch auch gelesen.«
»Laß mich in Ruh. Ich möcht' schlafen. Ich muß morgen um sieben aufstehen.«
»Ich finde das nicht sehr konstruktiv!«

Ich bin dann wieder ins Arbeitszimmer gegangen und habe den Computer angestellt. Und hab' den Kuschl auf der Festplatte gesucht. Und – da war er.
Unter der Datei: Alter ego.doc!
Und da hab' ich feststellen müssen, ein ziemlich sympathischer Bursche, nicht so ungehobelt g'schert wie der Anrufer.
Von Beruf Wirtschaftsprüfer, und er war gut konfiguriert. Er war's Zentrum und hat eine super Peripherie gehabt. Er lebt in einer Fortsetzungsfamilie. Das heißt, immer wenn er sich von einer seiner Frauen trennt, trennt er sich nicht ganz und gar, sondern schickt sie sozusagen auf eine erweiterte Umlaufbahn. Das heißt, er kümmert sich um seine Trennungsfrauen auch weiterhin. Er lebt in einem erweiterten sozialen Umfeld in einer Art Großfamilie. Er selber nennt diese Lebensform »Inner Circle«.
Im Moment ist er mit der Gisela beieinander.
Die Gisela ist blond und fröhlich, immer ein bißchen albern, aber irgendwie super. Und sie ist gelernte Krankenschwester. Bißchen depressiv gepolt, Helfersyndrom, geht jetzt auf die Heilpraktikerschule, trifft sich regelmäßig mit Freundinnen zum Bauchtanz, achtet auf die Sterne, lebt nach dem Mondkalender und stellt in der Wohnung Duftschalen auf. Bachblüten im Keller. Eine Frau, die sich entwickelt.

Nepomuk hat eine sehr starke Eigendrehung. Ein Mann mit unheimlich starker Ratio, kann Gefühl und Vernunft gut auseinanderhalten, kann sich im Beruf gut durchsetzen, wirkt dadurch manchmal auf der einen Seite etwas rücksichtslos, auf der anderen aber wirkt er durch dieses Verhalten auch sehr anziehend. Diese Unnahbarkeit ist es auch, die Gisela an Nepomuk so fasziniert. Ich habe diese Beziehung von Anfang sehr klar gesehen.

Schon beim allerersten Rendezvous mit Gisela habe ich meine klar umrissenen Vorstellungen von einer Beziehung dargestellt. Ich hab' gesagt:
»Paß auf! Ich halte nichts von Mondbüchern. Homöopathie ist vielleicht ein schönes Hobby, aber ich bevorzuge einen Arzt, gegen Bauchtanz hab' ich grundsätzlich nichts, Bewegung ist immer gut, und Duftschalen haben etwas Putziges, aber ein richtiger Joint ist mir lieber.
Du, mir passen gut zusammen, wennst a bissel weggehst von mir.
Woaßt, bissel Distanz. I hab' da schon eine schöne Wohnung für dich ausgesucht. Da besuch' ich dich dann mindestens einmal die Woche.«
So ist das ein paar Jahre gutgegangen.
Auf einmal reagiert die Gisela ganz komisch.
Sagt aus heiterem Himmel. »Schau mal, wie ich leide.«

Und ich hab' darauf verhältnismäßig sensibel reagiert und gesagt:
»Ach du meine Scheiße.«
»Du verstehst mich nicht.«

»Doch ich versteh' dich.«
»Aber ich versteh' dich nicht.«
»Du behauptest also, daß ich dich nicht verstehe, und sagst gleichzeitig, daß du mich nicht verstehst. Ich sage, ich versteh dich, und du widersprichst!«
»Geh doch mal auf das ein, was ich sage.«
»Das tue ich doch. Was ist los? Sind dir die Bachblüten im Keller verfault? Haben wir Vollmond? Kannst du nicht ein paar von deinen homöopathischen Pillen reinwerfen, oder soll ich vielleicht doch den Arzt rufen?«
»Du verstehst mich nicht. Du hast ein Gemüt wie ein Fleischerhund!«
»Wau, wau, wau!«

Ich denk' mir, so kommen wir nicht weiter, holst sie von ihren völlig überdrehten Emotionen runter, und sag': »Was machen wir jetzt mit diesem Ägyptenurlaub, den wir gebucht haben? Hat ein Schweinegeld gekostet. Ich meine, wenn wir uns trennen, ist es vielleicht besser, die Reise nicht zu machen.«
»Geld! GELD! Geld ist das einzige, was dich interessiert.«
»Hör bitte mit der Polemik auf. Ich meine, es ist doch schad ums Geld!«
»Das ist mir egal.«
»Laß uns doch mal vernünftig miteinander reden. Schau, es geht halt nicht mehr mit uns beiden. Das ist doch ein gutes Ergebnis nach all den Jahren. Wie lange sind wir

jetzt zusammen? Fast vier Jahre! Das habe ich auch geschätzt. Da haben wir uns kennengelernt. Das ist doch schön. Wir kennen uns besser als vor vier Jahren. Das kann man doch auch mal positiv feststellen. Weißt, wir haben jetzt einen gewissen Erkenntniszuwachs. Jeder kennt den anderen so gut, daß er Bescheid weiß. Aber ich weiß nicht, ob Trennung dann eine Lösung ist. Besser fände ich, wenn wir zusammenbleiben und daran arbeiten, daß wir die Gefühle noch weiter abbauen und unsere Beziehung auf ein vernünftiges Fundament stellen. Die Gefühle haben uns doch nur Ärger gebracht in der Beziehung. Und wenn wir diese Reste noch wegarbeiten, haben wir die besten Voraussetzungen für eine glückliche Ehe. Ich würde sagen, wir fahren in den Urlaub nach Ägypten, und wenn wir wieder da sind, dann leg' ich mir eine Zweitfrau zu. Das ist doch die Lösung. Modell Mormone. Aber ohne Verpflichtungen. Und ich wohn' alleine!«

Nach dem Gespräch war ich so fertig, daß ich erst einmal den Anrufbeantworter abgehört habe.

Es waren sehr merkwürdige Anrufe drauf. Ich hatte das Gefühl, daß ich für einen Kabarettisten gehalten wurde. Hatten wir noch nicht. Als erster war ein Schwabe drauf. »Ja hier isch Chrischtof Hämmerle vo der Kleinkunschtinitiative Niederburgbach. Mir machet jeds Johr a Feschtival bei uns in Burgbach. Es waren scho alle mögliche Leut do und sin aufgetrete. Letschtes Jahr hent mir der Bernd Regnauer dokeht und die Wallküre und a paar örtliche, die au alle saustark gwe sin. Und jetzt wollte mir dich frage, vielleicht kannst amal zrückrufe!«

»Ja, Hier der Arnulf Eichhorn von der Lachmesse in Leipzig. Bruno, melde dich doch mal, wir machen grade das Programm. Und die Leute waren ja begeistert von dir und deinem Programm, und nu is die Frage, ob du nich mal wieder bei uns in Leipzsch bei der Lachmesse auftreten kannst. Bitte melde disch unter der Nummer 03…, nu weiß isch gar nich, was wir für eene Vorwahl haben hier in Leipzsch. Ich ruf späder noch mol an.«

»Ja, hallo, hier wieder mal der Karsten aus Hamburg. Ich wollt' mal anfragen, ob du nich mal in das schöne Hamburg an die Waterkant kommen willst. Ich hab' da ja nu schon 'n paarmal probiert bei dir, und vielleicht klappt's ja mal. Wir haben ein sehr schönes Haus. Und alle waren immer sehr zufrieden hier. Kannst du alle Kollegen fragen. Ich geb' mal meine Nummern. Also erst mal hier im Hause. 040 für Hamburg, und dann 78 53 28 oder privat 040, gleiche Vorwahl, und dann 64 52 39 oder Handy 0172-9 53 65 23 oder Fax hier im Theater 040 76 59 34 oder privat 040, wieder gleiche Vorwahl, 68 44 62 oder bei meiner Freundin 040, logo wieder Hamburg, 24 31 08 oder Fax bei der Freundin 040 65 81 32, ja das wär's oder ich geb' vielleicht noch die Nummer von meinen Eltern 04 04 9 84 56 ganz leicht zu merken. Tschüüüs!«

»Ha, hier isch noch mal der Chrischtof vo der Kleinkunschtinitiative Niederburgbach. Ich hent vorhin moi Numeer vergesse. 0 73 24-28 46, noch einmal: 0 73 24 – 284. Haja, ade!«

»Hier ist der Robert Gerber aus Nürnberg, ich hab' grad mit der Ruth Kiefer gesprochen, die sacht, hast a neus Programm, da wollt ich amals fragn, ob du net ach wieder amal ins Burgtheater kommen willst. Oder in die Tafelhalle, ich müßt's nur wissen, weil sonst wieder die Halle belegt ist, und dann wird's wieder nix. Meld dich doch amal. 0911 für Nürnberg, 76 334 90 und Tschüß.«

Und dann war da noch ein sehr merkwürdiger Anruf auf dem Band. Eine Männerstimme. Klang rheinländisch. Düsseldorf Köln, Leverkusen, diese Gegend. »Ja, hier spricht Götz Kampendonk. Ich bitte um Ihren Rückruf, es geht um ein Engagement am 14. Januar. Ich geb' mal meine Nummer. 0224 28 37 00 oder Handy 01 71 954 9611.«
Ich rufe zurück.
»Götz Kampendonk.«
»Hier ist Bruno Jonas.«
»Wer?«
»Bruno Jonas.«
»Was kann ich für Sie tun?«
»Sie haben bei mir angerufen.«
»Wie war Ihr Name?«
»Jonas. Johann Nepomuk Jonas, ähh, Bruno …«

»Richtig. Ja, ich möchte Sie gerne engagieren für eine große Firmenveranstaltung in Nürnberg am 14. Januar …«

»Ja, verstehe …«

»Ich kenne Sie aber nicht.«

»Sie wollen mich engagieren, aber Sie kennen mich nicht?«

»Können Sie mir deshalb ein Band von sich schicken?«

»Ich habe kein Band.«

»Schade. Ich würde Sie gerne vermitteln.«

»An wen?«

»An den Kunden.«

»Kennt mich der Kunde?«

»Das weiß ich nicht.«

»Moment mal, Sie wollen jemand engagieren, den Sie nicht kennen und von dem Sie nicht wissen, ob ihn der Kunde kennt, für den Sie ihn engagieren wollen?«

»Ja, entschuldigen Sie …«

»Das kann ich gerne machen, nur warum so kompliziert? Warum nehmen Sie nicht einen, den der Kunde kennt?«

»Sie sind mir empfohlen worden.«

»Von wem?«

»Von einer Art-Agentur. Wir haben anläßlich dieses bevorstehenden Firmenevents ein Art-Buying beauftragt.«

»Art-Buying? Was ist das?«

»Die recherchieren Adressen für uns.«

»Und Sie sind eine Event-Agentur?«

»Ich bin Unternehmensberater. Verstehen Sie?«

»Ich verstehe. Sie kennen mich nicht und wollen mich engagieren, engagieren zunächst eine Art-Buying-Agentur, die meine Adresse recherchiert, und die Event-Agentur beauftragt Sie, mich zu engagieren ...«
»Ja, ich kann Sie dem Kunden nicht vermitteln, wenn ich nicht weiß, wer Sie sind! Und deshalb wäre es schön, wenn Sie mir ein Band zuschicken würden.«
»Ich habe kein Band.«
»So! Wie machen Sie es denn sonst ohne Band?«
»Der Kunde weiß, wer ich bin.«
»Ich weiß nicht, wer Sie sind.«
»Sie sind ja auch nicht der Kunde, sondern ein Event-Berater.«
»Ich weiß, wer ich bin.«
»Schön, nur ich weiß nicht, wer Sie sind. Können Sie mir nicht ein Band von sich schicken?«
»Ich, ich habe kein Band.«
»Dann haben wir beide kein Band ...«

Und dann hat er eingehängt. Ich war danach völlig verwirrt. Ich fühlte mich so bandlos. Ich wollte sofort ein Band von mir haben. Die Entwicklung war an mir vorbeigegangen. Man muß heute ein Band von sich haben. Früher hat es Visitenkarten gegeben mit Telefonnummer, Fax-Nummer, Adresse, Berufsbezeichnung. Heutzutage braucht man ein Band. Mit Szenen aus verschiedenen Lebensbereichen, die die verschiedenen Facetten einer Persönlichkeit zum Leuchten bringen. Konfliktszenen, die

das Konfliktlösungsverhalten zeigen, Schleimspurlegen, Arschkriechen, Anpassungsfähigkeit, in Ausnahmesituationen auch Aggressionsverhalten zeigen, bei Untergebenen zum Beispiel, beim Autofahren, soziale Einstellung, dann selbstverständlich auch Liebesszenen, um den Gefühlsbereich darzustellen, Trennungsszenen, dann Szenen des alltäglichen Lebens, Morgentoilette, beim Duschen, um das Verhältnis zur Reinlichkeit darzustellen, dann das Verhältnis zur Umwelt müßte natürlich auch herausgestellt werden, vielleicht eine kleine Szene beim Mülltrennen. Dann darf das politische Verhalten natürlich nicht fehlen ...
Ich habe mich sofort hingesetzt und mit dem Drehbuch begonnen.

Und schon wieder klingelt das Telefon. Eine Interviewanfrage: Was sagen Sie zum Unwort des Jahres? Struunz.

Und schon klingelt das Telefon wieder.
»Hallo – Schätzlein!«
Das war der Jochen Rössner, der ist Diplompsychologe. Freier Fernsehproduzent. Für den arbeite ich manchmal. Der sagt immer zu mir:
Schreib dir alles auf, möglicherweise können wir es brauchen.
Rössner war vor Jahren beim Bayerischen Rundfunk und hat dort sehr erfolgreich gewirkt. Er hat dort wirklich tolle Sachen gemacht. Sehr schöne Sketchsendungen er-

funden, »Dingsda« eingekauft, hat die Augen offengehalten, der Mann, und hat dann irgendwie einen Fehler reingebracht mit dem Jesulein, zack hat der Rundfunkrat angerufen, und weg war der Rössner. Er ging dann zu RTL, hat dort die Unterhaltung aufgebaut, dann ging er wieder zurück zur ARD, nach Frankfurt zum HR, hat dort frischen Wind reingebracht, eine legendäre Silvestersendung erfunden, von der man noch lange gesprochen hat im Sender, im Rundfunkrat, und auch bei Gericht haben manche noch über diese Sendung gesprochen. Vor allem diejenigen, die noch Geld bekommen wollten von der Firma, die diese Sendung im Auftrag von Rössner, der wiederum von dieser Firma beziehungsweise den Firmen, die mit Werbung... – aber da ist nie was rausgekommen, das blieb alles drin. Rössner hat das schon sehr professionell gemacht. Es war nur so, daß er daraufhin seinen Job verlor, und dann hat er eine Zeitlang als freier Produzent gearbeitet und nun sitzt er in einem Büro, wo sich eine Sekretärin mit französischem Akzent meldet: »Redaktion ›Leben und Wohnen‹«. Rössner fertigt irgendwelche Programmbeiträge für »Leben und Wohnen«.

Der Rössner erzählt gern schweinische Witze.
Und er sagt immer Schätzlein zu mir!
Ich weiß nicht, warum. Wahrscheinlich sagt er zu allen Schätzlein.

Er hat's nicht leicht. Hab' ich ihn gleich ganz g'schert gefragt. Besonders hinterhältige Frage:
»Und, wie geht's so?«
»Mei, woast eh, wie des is, Schätzlein, ich muß ja von irgend etwas leben. Ich hab' ja Familie, Frau und Kinder, de wolln jeden Monat a Geld sehen.
Ich hab' gsagt zu meiner Frau, ich bringe die Buben noch über die Puberträt drüber und dann ziehe ich aus. Und die Buben sind jetzt 14.
A schwieriges Alter. Grad wenn die Sexualität erwacht. Ja, da san s' schon hellwach. Der Ältere lauft immer mit ganz weite Hemden über der Hosen rum, hat dauernd an Ständer, sag i zu ihm: Was is? Hast dir scho amal oan obageholt? Ist er ganz rot wordn.
Moanst net, daß des a bissl direkt war?«

»Paß auf, Schätzlein« – ich weiß nicht, warum der immer Schätzlein zu mir sagt –, »Schätzlein, ich habe mit Stefan Kaarst gesprochen, wir sollen eine bayerische Sitcom entwickeln.«

Kaarst ist neu. War vorher im Bereich des Programmdirektors für Sonderaufgaben zuständig und wurde jetzt Unterhaltungschef und damit Nachfolger von Dr. Zicklein, der nach oben weggelobt wurde und nun für Filmeinkäufe im südostasiatischen Raum zuständig ist. Schaut sich in Japan und Korea Filme an und prüft, ob sie fürs deutsche Fernsehen tauglich sind.

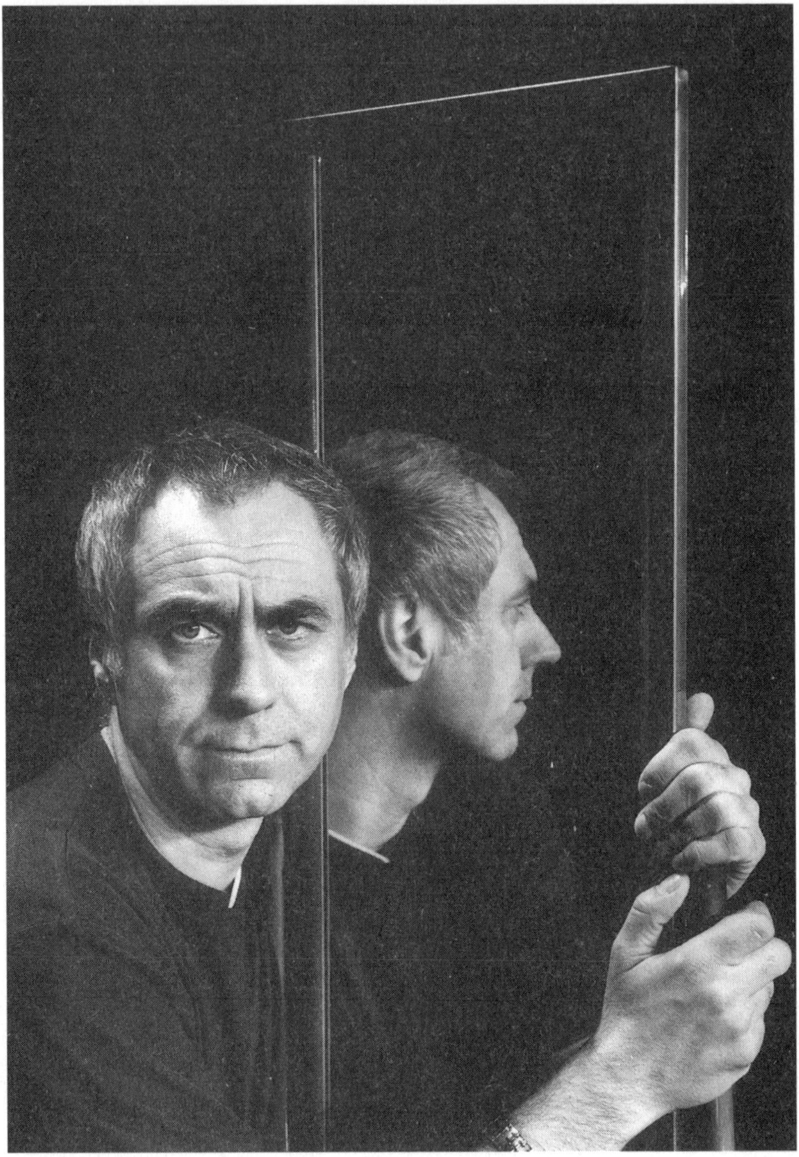

Sehr schöne, aber auch schwierige Aufgabe. Ich weiß nicht, was der sich hat zuschulden kommen lassen, daß man ihn so abstraft.
Ich erinnere mich an eine Geschichte in Bremen. Ich mußte doch öfter nach Bremen in den Nebel. Sendung machen. Die hieß genau wie ich. Hatte dort wirklich gute Arbeitsbedingungen. Fischköpfe sicher, aber waren nette Menschen drunter. Von außen sieht der Sender aus wie eine Justizvollzugsanstalt eines SPD-regierten Bundeslandes. Humaner Strafvollzug. Jede Menge Freigänger. Aber bei manchen ging der Vollzug natürlich nicht spurlos vorbei. Haben einen Koller bekommen. Einige aber wußten sich zu helfen. Mit Alkohol. Eine Redakteurin war immer zu. Das war gut, denn nüchtern war sie überhaupt nicht auszuhalten. Jeder wußte Bescheid, aber keiner sagte was. Alles wunderbar. Nun kam ein neuer Programmdirektor. Mußte einer von der SPD sein. Logisch. Haben die rumgefragt in der Partei, ob jemand einen wüßte, der in Bremen den Job machen könnte. Da hätte es jede Menge gegeben. Aber die Wahl fiel auf einen, der bisher in Polen Korrespondent der ARD war. Der mußte es sein, denn der stammte aus der Gegend und wollte da wieder hin. Viele haben sich gefragt, warum der da wieder hin will, wo sonst jeder da weg will. Der Grund war ganz einfach. Er wollte und konnte in Bremen nicht nur Programmdirektor, sondern auch Präsident des Reitervereins werden. Zwei Fliegen mit einer Klappe. Logisch, daß der Mann nach Bremen wollte.

Dann haben die Kollegen im Rundfunkrat gefragt, ob er auch qualifziert ist. Ja, er ist SPD-Mitglied, und nach allem, was wir hören, möchte er nicht allzuoft im Sender anwesend sein, er fliegt gern, er sitzt gern in Sitzungen und hört sich außerdem gern reden. Den nehmen wir. Gewählt würde er auch, weil die SPD eine Mehrheit in Bremen hatte. Wäre alles super gewesen, wenn der Mann nicht plötzlich angefangen hätte, einen Ehrgeiz zu entwickeln und tatsächlich die Arbeit aufgenommen hätte. War gar nicht geplant. Aber nein, er mußte anfangen, über Unterhaltung nachzudenken. Dann kamen plötzlich Sätze wie: Auch die Unterhaltung muß, die Unterhaltung darf nicht, die Unterhaltung des Senders muß ein Profil… und zu mir hat er gesagt: »Junge, wir müssen mal zusammen essen gehen!« »Warum nicht, gehen wir zusammen essen.« Ich habe mir gedacht. Glück gehabt, hätte ja auch sein können, daß er sagt: Junge, wir müssen mal zusammen reiten gehen. Also sind wir essen gegangen. Die Sätze begannen meistens mit »Junge«. Und während des Essens habe ich erfahren, daß er nicht nur Pferderücken bevorzugt, sondern auch Rehrücken, er ist nämlich auch noch Jäger und Koch. Also Wildschütz, Gourmetkoch, Springreiter, Programmdirektor und alles auf SPD-Ticket. Ich wollte ihn grade fragen, ob er auch schon mal am großen Oxer gestanden sei und sein Gaul sich geweigert habe zu springen. Da kommt er mir zuvor und näselt mir in den Nachtisch:

»Ich habe Ihre Sendung nu ein paarmal gesehen, aber Sie

haben ja immer sehr gute Quoten gehabt. Nur, die Zeiten haben sich geändert. Ich habe neulich mit meiner Frau gesprochen, und ich finde das auch, Junge, Sie sind zu intellektuell in Ihren Texten.«
Zu intellektuell, denke ich, aha, soll witzig sein, hat die Gattin was nicht gecheckt. Und ich habe ein bißchen gelacht und die schwarze Mousse weitergelöffelt. Als ich die weiße Mousse mit dem Löffel angrabe, hält er inne und tätschelt mich ein wenig am Arm, so wie er vermutlich die Pferde tätschelt, wenn sie was gut gemacht haben.

»Wir müssen an das große Publikum ran. Haben Sie mal ›Samstag-Nacht‹ gesehen?«
»Habe ich gesehen«, sage ich.
»Also ich kann da lachen.«
»Aha, hoffentlich wird's nicht schlimmer«, sage ich.
»Nein, ich meine es ernst. Sie können ruhig gerne etwas mehr auf die Kacke haun.«
Und ich habe spontan überlegt, ob ich den Löffel so in die Mousse sausen lasse, daß es spritzt. Habe ich nicht gemacht.
Statt dessen habe ich mit leicht provokantem Ton gesagt: »Zu intellektuell findet Ihre Frau das? Ich finde es eigentlich nicht zu intellektuell.«
»Ganz ruhig, Junge.«
Und faßt mich wieder am Arm, um mich zu tätscheln. Ich habe wirklich ein bißchen die Befürchtung gehabt, daß er mir gleich eine Mohrrübe zum Fressen hinhält.

Sagt er: »Sie dürfen mich nicht falsch verstehen.«
»Ich versteh' Sie schon richtig.«
»Aber ich denke, Sie könnten mehr Publikum vertragen.«
»Aha, und da haben Sie gedacht, ich könnte ein bißchen platter ...«
»Nein, platter habe ich nicht gesagt. Etwas mehr in Richtung Ankomme! Einfach etwas kulinarischer!« Und dann habe ich gesagt, ich weiß nicht, es ist mir einfach rausgerutscht, habe ich also gesagt:
»Woaßt wos, leck mi am Arsch!«
Und dann hat er nichts mehr gesagt. Auch nicht mehr Junge, Junge, Junge!

Ein paar Tage später hat er mir dann ein Fax geschickt, in dem er sich für die Zusammenarbeit bedankte und keine gemeinsame Vertrauensbasis mehr sah für eine weitere Zusammenarbeit.
Na ja, nur weil ich gesagt habe »leck mi am Arsch«. Er hat das wohl wörtlich genommen. Sprachlich war er wohl nicht ganz auf der Höhe, der Herr Programmdirektor.
Schon klar, daß ich da einen großen Fauxpas begangen habe. Ich weiß auch nicht, wie das hat passieren können. Hinterher habe ich mich gefragt, warum ich so was mache. Denn das bin ich doch gar nicht. Aber offensichtlich war ich's. Nur, wer ich war, weiß ich nicht mehr.

Also mit dem Rössner bin ich dann so verblieben, daß ich den Nepomuk Kuschl so umschreibe in Richtung bayerische Sitcom. Also mit Trachtenjanker, Haferlschuh, Biergarten, Semmelknödel, Schweinebraten und Bayern München.

Ich bin dann erst amal ins Bett gegangen.

Gegen ½ 4 Uhr in der Früh bin ich aufgewacht. Irgendein Geräusch war da. Die Wohnungstür war ins Schloß gefallen. Zumindest glaubte ich das. Ich habe das Licht angemacht und bin aufgestanden. Sonja fragte:
»Was ist denn? Warum schläfst du nicht. Kommst du etwa jetzt erst nach Hause?«
»Nein, ich habe was gehört. Die Wohnungstür ist gegangen.«
»Du hast schlecht geträumt.«
»Ach Blödsinn. Es war jemand in der Wohnung. Willst du nicht aufstehen und nachschauen, wer da ist?«
»Ich habe nichts gehört.«
»Aber ich habe etwas gehört.«
»Dann schau *du* nach.«
Also bin ich aufgestanden und habe nachgeschaut. Bin durch die Wohnung gepirscht. Im Dunkeln. Ich weiß nicht, wie es passieren konnte, aber ich bin gegen eine offenstehende Schranktür gelaufen, und zwar so heftig, daß ich samt der Tür auf die Schnauze gefallen bin. Durch die Wucht meines Körpers hat's die Tür aus den Scharnieren gerissen. Wir haben über die gesamte Länge des Ganges einen Einbauschrank. Sehr schöner Schrank. Viel Stau-

raum und so. Und eine dieser großen Schranktüren stand offen. Und dann ist mir der Staubsauger auf den Rücken gefallen. Es hat genau die Tür des Schrankes offengestanden, hinter der sich der Staubsauger befand. Der Staubsauger stand auf dem Mittelbrett, so daß die Gravitationsgesetze, also die Erdanziehungskräfte, gut wirken konnten. Er stand immer ein bißchen knapp da, der Staubsauger, aber es war kein schlechter Platz für dieses wichtige Haushaltsgerät. Ich schrie auf vor Schmerz. Wahrscheinlich habe ich geschrien: »Scheiße. Welches Rindvieh hat denn hier die Tür offengelassen?« Sonja fragte aus dem Schlafzimmer: »Ist dir etwas passiert?« Ich wollte sie nicht unnötig beruhigen und sagte: »Ist nicht so schlimm.« Obwohl es schon sehr schlimm war. Der Staubsaugerschlauch mit dem spitzen Saugstutzen legte sich mir direkt um den Hals. Es war gespenstisch. »Das hat sich aber nicht gut angehört«, rief Sonja aus dem Schlafzimmer. Als ich versucht hatte, mich wieder aufzurichten, fiel noch eine Schachtel mit Nägeln auf mich drauf. In diesem Schrank befand sich sozusagen unsere gesamte Wohnungspflegegerätschaft und auch ein Großteil der Heimwerkerausrüstung. Ich war ja froh, daß mir nicht noch ein bis zwei Hämmer draufgeflogen sind, diese Chance hätte ich nämlich auch noch gehabt. Und wenn ich ganz geschickt hingeflogen wäre, hätte ich auch noch in einen Fuchsschwanz reinfallen können. Der Fuchsschwanz ist wichtig, den brauch' ich immer an Weihnachten, wenn ich den Baum zuschneide, und nach

Weihnachten, wenn ich ihn z'ammschneide. Eine andere Aufgabe hat der Fuchsschwanz nicht. Aber er liegt halt auch immer in dem Schrank auf halber Höhe in Staubsaugernähe. Also wir haben schon Möglichkeiten in der Wohnung, und wir sind vorbereitet auf alle Eventualitäten. Wir haben nicht nur eine Bohrmaschine, sondern mehrere. Die Sonja hat mich mehrmals geworben für verschiedene Zeitungen, und ich habe die Sonja auch einige Male geworben, da kommt scho was z'amm. Dann stehen da noch Farbenreste, Glutofix und einige Gipsbeutel, also das ist schon ein sehr aufregendes Stilleben. Weil wir grundsätzlich nichts wegwerfen. Die Sonja mag nichts wegwerfen, sie mag alles behalten. Weil sie sagt, vielleicht kann man es noch mal brauchen. Da hat sie auch recht. Und sie hat so ein Faible für Stilleben in der Wohnung. Ich übrigens auch. Installationen nennt man das in der modernen Kunst. Es ist eine ganz eigene Ästhetik. Sonja legt gern neue Stilleben an. Bei uns lebt überall das Stille. Da ein abgebrochener Bleistift und dazu ein Pfennigstück, dann ein Knopf und ein Gummi, was auch gut dazupaßt, Spielzeugreste von den Kindern. Ein Stück Helm von einer Playmobilfigur, ein Legostein, das alles zusammen gibt wunderbare wilde Stilleben in der Wohnung. Und jedes Teil hat seine Geschichte. Daneben haben wir auch geordnete Stilleben, sogenannte Setzkästen. Wir sind beide große Setzkastenfreunde. Kleine Figürchen, Tässchen, Tellerchen, Porzellanblümchen. Ich wundere mich manchmal, daß wir den Müll wegwerfen. Obwohl

er sich ziemlich lange bei uns in der Wohnung wohl fühlen kann. Der Müll hat's bei uns nicht schlecht. Wir trennen natürlich. Ja, und wenn ein Müllsack voll ist bis oben hin, dann tragen wir ihn nicht gleich zur Tonne runter, weil die meistens überfüllt ist. Deshalb steht der Müllsack manchmal noch ein, zwei Tage im Gang. Und die kleine Biotonne stand in jener Nacht auch im Gang. Und als ich wieder aufgestanden war und mich im Dunkeln weitertastete, weil ich gedacht habe, machst du das Licht nicht an, um den Eindringling nicht zu erschrecken, bin ich mit einer Traumsicherheit mit dem Fuß an die Biotonne gekommen, die fällt um, und der gesamte Inhalt ergießt sich in den Gang. Da der Inhalt schon leicht kompostiert war, stieg eine üble Wolke von Fäulnis auf.
Plötzlich geht das Licht an,und ich fahre zusammen.
Steht der Rössner vor mir.

Ich frage: »Was machst denn du mitten in der Nacht in meiner Wohnung? Wie kommst du da überhaupt rein?«
»Übers Modem. Du hast den Computer nicht abgestellt.«

Ich denk' mir, jetzt muß ich den Computer ausmachen.
Aber der Rössner hat gemeint:
»Nein, ich muß ja noch nach Hause – übers Modem.«
Ich sage zum Rössner: »O. k. Du woaßt ja, wo der Computer steht.«

Und grad da klingelt's an der Tür.
Ich gehe hin. Draußen steht die Schmiere. Polizei. Um ½ 4 Uhr in der Früh! Ja, das Verbrechen hat rund um die Uhr geöffnet.
Ein Mann und eine Frau, beide in Uniform. Sie blond, mit Zopf unter der Mütze. Sie scheint mir in Ordnung zu sein, bei ihm stutze ich. Ich vermute sofort, daß mit ihm irgend etwas nicht in Ordnung ist. Komme aber nicht gleich drauf. Und dann plötzlich weiß ich es. Er hat keinen Schnurrbart. War total irritiert. Ich wollte schon sagen, Mann, was ist mit Ihnen los, Sie haben einen Fehler im Gesicht, waren Sie beim Rasieren unkonzentriert, wo ist die Rotzbremse? Habe kurz überlegt, ob er überhaupt ein Polizist ist. Ich mein', dadurch gewinnt der Sheriff doch erst diese allseits beliebte Dienstautorität. Na ja, was soll's, denke ich. Und dann erst krieg' ich ein schlechtes Gewissen. Frage mich, wo bist du unangenehm aufgefallen, wem hast du die Wahrheit gesagt. Wieder mal unnötig die Spur gewechselt. Zu oft an der Staatskanzlei vorbeigefahren und dabei gelacht. Irgendwie so was. Klar, so was geht mir sofort durch den Kopf, wenn die Bullerei vor der Tür erscheint. Dann denke ich, vielleicht brauchen sie nur Hilfe. Was weiß ich, werden bedroht, sind ins Haus geflüchtet und haben bei mir geläutet, weil sie hoffen, in mir einen vertrauenswürdigen Staatsbürger zu finden, der ihnen beisteht. Sind ja auch nur Menschen. Personell sind sie völlig unterbesetzt, zu wenig Stellen, zu viel Arbeit, die Kriminalität wird immer

mehr, und die Polizei ist nur mangelhaft ausgerüstet. Na ja, die Probleme kennen wir. Müssen sich um alles kümmern und haben zu wenig Planstellen.

Also die Blonde war ganz schüchtern, sah aber sehr sexy aus in ihrer geilen Uniform. Ich konnte meine Augen gar nicht von ihr lassen, da fragt der Schnurrbartlose, ob sie reinkommen dürften. Ich sage selbstverständlich, denke, sie wollen nur mal schaun, ob die Wohnung in Ordnung ist, die Blumen gegossen, der Abwasch gemacht, die Betten aufgeschüttelt, der Müll getrennt, und ich hoffe im stillen, vielleicht helfen sie beim Aufräumen, habe mir im Geiste schon vorgestellt, mit der Blonden zusammen zu staubsaugen, obwohl ich eigentlich keine Zeit hatte, denn ich war mitten in der Arbeit. Hatte einen unheimlichen Druck. Ich sage also, ich steh' unter Druck, die Blonde lächelt daraufhin, der Schnurrbartlose legt eine wenig überzeugende Mitleidsmiene auf und meint: »Ja, das geht uns allen so.«
»Das ist aber tröstlich«, sage ich.
»Ich hätte nur ein paar Fragen«, meint er.
»Was sein muß, muß sein«, sage ich, »schießen Sie los.«
Die Blonde lacht, der Rasierfehler weniger. In einer Verkehrssache. Oh, Verkehrssache murmelte ich, ich zahle meine Alimente pünktlich. Die Blonde faßt sich anerkennend an den Zopf. Wie man doch mit so kleinen Aussagen Eindruck machen kann, gell. Der Rasierfehler lacht und meint, nein, mit dem KFZ mit dem amtlichen Kenn-

zeichen M – ET – 7180. In Zusammenhang mit einer Geschwindigkeitsüberschreitung. Zu schnell gefahren, ich reagiere unheimlich gelassen und meine nur oh, oh, kann ich mir nicht vorstellen. Legt er mir ein paar sehr schöne Aufnahmen vor, gestochen scharf, war von der Qualität wirklich begeistert, und behauptet vorsichtig, die Person auf dem Bild sei ich. Ich sage, ich will nicht bestreiten, daß mir die Person ähnlich sieht, aber das bin ich nicht.

Er schaut auf die Photos und schaut mich an, vergleicht also die Wirklichkeit mit dem Abbild und meint:
»San S' mir net bös, aber des san Sie.«
»I bin Ihnen net bös, aber des bin i net!«
»Das versteh i net«, sagt er.
»Macht nix! Wenn es auch schade ist.«
»Warum san Sie des net?«
»Weil ich es weiß. Und wer soll es sonst wissen, wenn nicht ich, daß i des net bin. – Schaun S', i steh' doch vor Ihnen.«
»Ja, das seh' ich.«
«Dann sind wir doch schon einen Schritt weiter. Ich bin vielleicht die abgebildete Person, aber i, als Ego, bin des net!«
»Ha?«
»Ich bin's vielleicht gewesen, als das Bild aufgenommen wurde, aber jetzt bin i's nimmer. Verstehen Sie?«
»Nein.«
»Ist doch ganz einfach. Es geht ja alles weiter. Auch das

Leben. Sagen wir mal so: Angenommen ich war es, dann wäre ich es von heute aus gewesen, aber ich bin es heute nicht mehr.«

»Also, wenn Sie es gewesen wären, dann wären Sie es heute nicht mehr.«

»Auf keinen Fall.«

»Können wir das aufschreiben und festhalten?«

»Das würde nicht viel bringen. Weil morgen wäre es ja dann wieder vorbei. Denn morgen, wenn Sie das lesen würden, was wir heute festgehalten hätten, tät' es nämlich so ausschauen, daß es gestern gewesen wäre, wenn sie es morgen gelesen haben täten.

(Verzweifelt:) »Ich möchte wissen, ob Sie es waren?«

»Wann war denn das?«

»Am 26. November um 19.33 Uhr auf dem mittleren Ring.«

»Immer diese Pedanterie mit dem Raum-Zeit-Kontinuum! Das ist ja net einmal gestern. Das ist ja vorvorvorgestern, da fällt mir ja gar nichts mehr ein. Das ist ja schon gelöscht. Ich mache Ihnen einen Vorschlag. Wenn Sie mir beweisen können, daß ich mit der Person auf dem Photo *identisch* bin, dann bin ich's. Das ist doch ein Angebot. Und ich wäre Ihnen sogar dankbar, weil auf diese Weise ich auch etwas über mich erfahren würde.«

»Auf dem Bild sind Sie's.«

»Na, dann haben S' ja den Täter. Vielleicht können Sie das Photo sogar in Beugehaft nehmen. Vielleicht gibt es da ein Strafvollzugsalbum.«

»Wollen S' mich verarschen?«
»Nein. Aber ich frage mich, warum Sie den Geschwindigkeitsüberschreiter nicht gleich aufgehalten haben. Wo waren denn Sie zu dem Zeitpunkt?«
»Das weiß ich nicht.«
»Sehen Sie, Sie wissen nicht, wo Sie waren, als am Mittleren Ring die Geschwindigkeit überschritten wurde von dieser Person auf dem Bild. Aber ich soll es wissen! Nur wenn Sie das Auto gestoppt hätten, wüßten Sie jetzt, wer gefahren ist und wo Sie zum Zeitpunkt der Tat waren. Wer hat denn das Bild gemacht?«
»Eine Kamera.«
»Ja, und wer hat die Kamera ausgelöst?«
»Das hat sie selber gemacht.«
»Vermuten Sie das oder wissen Sie es?«
»Das ist immer so.«
»Die Kamera hat also gesehen, da fährt einer zu schnell, und sich gedacht, da mach' ich ein Bild.«
»Ja.«
»Und wieso hält sich die Kamera ausgerechnet dort auf, wo zu schnell gefahren wird?«
»Weil dort in der Regel zu schnell gefahren wird.«
»Die Kamera weiß also, daß dort zu schnell gefahren wird, und hofft darauf, daß zu schnell gefahren wird. Sie rechnet also geradezu mit einer Verkehrswidrigkeit. Finden Sie das nicht ein bisserl hinterhältig?«
»Schon, aber...« »Ich darf einmal zusammenfassen. Sie wissen nicht, wo Sie zum Zeitpunkt der Tat waren, be-

haupten aber, eine Kamera hätte von mir am mittleren Ring beim Überschreiten der Geschwindigkeit ein Bild gemacht. Es gibt keinen Zeugen, der beweisen könnte, daß sich die Kamera am mittleren Ring zum Zeitpunkt der Tat aufgehalten hat. Könnte es nicht auch so sein, daß die Kamera zu schnell photographiert hat?«

»Auszuschließen ist das nicht...«

»So, und könnte es nicht auch so sein, daß das Bild auf andere Weise, eventuell virtuell, am Computer nachbearbeitet wurde? Können Sie das ausschließen?«

»Ich weiß es nicht.«

»Wissen Sie eigentlich, warum Sie so glatt rasiert sind?«

»Ich habe da drüber noch nicht nachgedacht.«

»Können Sie mit Sicherheit von sich behaupten, daß Sie ein Polizist sind?«

»Ja. Wollen Sie die Dienstmarke sehen?«

»Können Sie mir nicht ein Band von sich zuschicken?«

»Was für ein Band?«

»Ein Videoband. Haben Sie etwa kein Band von sich?«

»Nein!« sagt der Rasierfehler verdutzt.

Aber nun meldet sich stolz die Blonde ins Gespräch zurück und meint, sie hätte ein Band von sich.

Der Kollege fällt aus allen Wolken.

»Du hast ein Band von dir?«

Die Blonde:

»Ja, ich habe eine Videokamera. Ich bin in einer Videogruppe. Ich habe uns doch aufgenommen, als wir auf

Streife waren. Und damals hattest du noch einen Schnurrbart. Mann waren das Zeiten!«
Ich sage:
»Ich frage mich nur, warum Sie jetzt keinen Schnurrbart mehr tragen?«

»Angelika« – so hieß die Kollegin mit dem blonden Zopf – fragte der Schnurrbartlose, »weißt du, wie ich heiße?«

Und Angelika überlegte, wie er hieß. Aber zunächst wollte sie wissen, wer sie war.

Und die Nacht brach über ihnen herein.

Ich gebe zu, bißchen abgehoben der Dialog. Absurd und grotesk, vielleicht sogar beides. Aber man kann es sich nicht immer aussuchen.
Als die beiden schon im Treppenhaus waren, fiel mir die Lösung ein. Plötzlich wußte ich, wer zu schnell gefahren war.

(Das Licht geht aus.)

Ja, manchmal kommt einem ein Blackout zu Hilfe. Ich kann ihn brauchen.

(Das Licht geht wieder an.)

Ich bin sofort zum Computer zurückgelaufen und – was soll ich Ihnen sagen! – es steht die Geschichte, die ich grad erlebt hab', mit dem Rössner und der Polizei an der Tür, genauso auf dem Bildschirm.

Hat sich der Nepomuk Kuschl gedacht: Was redet der so lang an der Tür? Und hat sich selber fertig geschrieben.

Wenn ich darüber nachdenke, ist mir klar, daß sich da eine Figur, die ich mir ausgedacht habe, selbständig gemacht hat. Diesen Nepomuk, den gibt's tatsächlich. Die Frage ist nur, ob zuerst er da war und dann die Geschichte oder zuerst die Geschichte und dann er?

Das muß man sich mal vorstellen. Ich denk' mir eine Geschichte aus und plötzlich stell' ich fest, daß es die Geschichte wirklich gibt.

Bestimmt gehöre ich auch zu einer Geschichte, die sich einer ausgedacht hat.

Und jetzt bin ich gespannt, was mir als Nächstes passiert. Wenn jetzt dem Autor einfällt, daß ich ein Arschloch bin, dann habe ich gar keine andere Chance.
Des gibt's! I kenn' einen, der war schon mal ein Arschloch und hat sich nicht dagegen wehren können. War aa im Orient!
War in einer Reisegruppe. Hams'n g'fragt, wie er heißt: What's your name?

Hat er aus Gaudi gesagt:
Arschloch!
Und er hat des sagen müssen, weil's sein Text war. Und dann war er 14 Tage lang 's Arschloch. Hat er gar nichts machen können dagegen. Des is in seinem Programm gestanden. Jeder hat vom Autor ein Programm, und dann kann er nur das sagen, was ihn der Autor sagen läßt. Mich läßt er denken, daß ich da bin, wo er denkt, daß ich sein soll. Ich bin also da – Kairo, Botschaft.
Aber, ob ich wirklich da bin, wo ich denk', daß ich bin, das ist die Frage. Vielleicht denke ich nur, daß ich in Ägypten bin und bin in Wirklichkeit ganz woanders? Denkbar wär's.
So schaut's aus. Des is die Wirklichkeit.
Aber wenn ich nicht in Ägypten bin, wo bin ich dann? Wo bin ich in Wirklichkeit? Was ist die Wirklichkeit? Wo ist die Wirklichkeit? Wie komme ich da hin? Wo ist der Ausgang aus der Phantasie? Wo ist die Tür zur Realität? Vielleicht is des a Drehtür? Oder a Raum, der sich mitdreht – ein Drehraum? Aber wer sagt mir, daß die Realität in dem Raum dann real ist und nicht wieder ausgedacht.

(Lichtwechsel.)

Der Zwanghafte:
»Des stimmt doch alles nicht, was du da erzählst. Die Wirklichkeit schaut doch anders aus.
Die Sonja, deine Frau, ist doch deshalb heimgefahren,

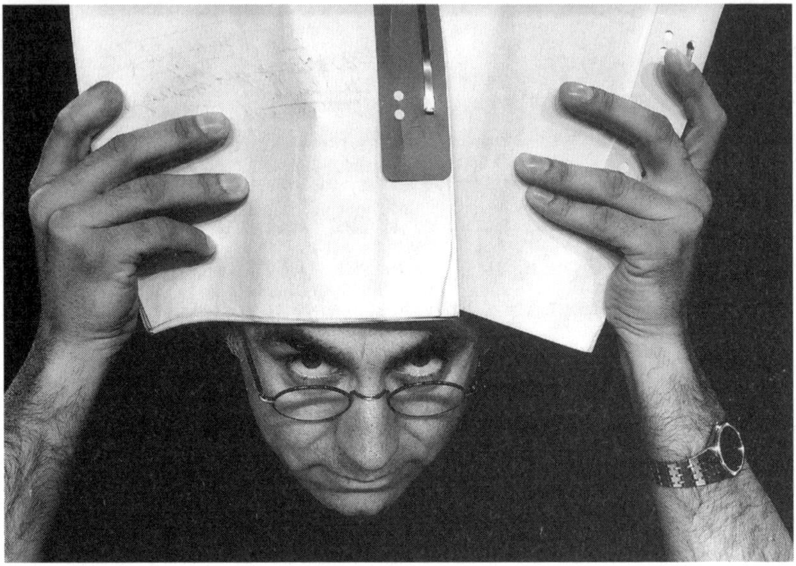

weil sie's mit dir nicht mehr ausgehalten hat. Weil sie nicht mehr gewußt hat, mit wem sie in den Urlaub gefahren ist. Einmal warst der Friedhelm König, der Nepomuk Kuschl, der Jochen Rössner, du warst ja immer ein anderer. Und dann die Stories, die du immer erzählst.

Die Agentennummer vom Klo, Mountainbike-Beradelung der Pyramiden, der CSU-Eintritt, die gestohlene Lederjacke, deine verschiedenen Berufe als Autor, Künstler, Fotograf, Schauspieler, Politiker, Psychologe. Des hält ja keiner aus.«

Der Hysteriker:

»Mei, was soll i macha? Des is a so. Des geht mit mir durch. So bin i halt.«

Der Zwanghafte:

»Ja, was bist du denn?

Sind wir mal ehrlich. Du hast Betriebswirtschaft studiert, hast aber nie ein Examen gemacht. Hast aber jahrelang allen erzählt, du hättest den Abschluß. Ich weiß noch gut, was du deinen Eltern alles erzählt hast, als sie dich gefragt haben, wo du das Diplom hast. Was dir da alles eingefallen ist!

Das wär noch auf der Uni-Geschäftsstelle. Das müßtest du nicht holen, weil du sowieso weißt, daß du es hast. Der Professor müßte es noch unterschreiben, wäre aber momentan in Amerika auf Vortragsreise. Deine Eltern wissen doch bis heute noch nicht, daß du keinen Abschluß hast. Immer machst du allen was vor.«

Der Hysteriker:
»Mei, was heißt vormachen? Tut doch keinem weh. Wenn ich meinen Eltern die Wahrheit gesagt hätte, dann wären sie doch traurig gewesen. Das muß doch nicht sein. Ich bin eben rücksichtsvoll. Was heißt überhaupt Wahrheit? Damit kann ja sowieso keiner was anfangen.«

Der Zwanghafte:
»Diese Nummer mit den Papieren! Hast du die wirklich verloren?«

Der Hysteriker:
»Im Grunde genommen ist das doch egal. Vielleicht habe ich sie irgendwo liegengelassen.«

Der Zwanghafte:
»Der wahre Grund liegt doch ganz woanders. Du willst nicht reingehen in die Botschaft wegen der Böden. Logischerweise hast du immer Angst einzubrechen, weil dein Lügengebäude jeden Moment wie ein Kartenhäuschen zusammenfallen kann.«

Der Hysteriker:
»Schau dir die Böden an, in diesem heißen Klima. Die sind dort furztrocken. Wenn ich da einmal auftrete, fall'

ich durch in den Keller. Da könnt ihr allein reingehen. Geh doch du rein.«

Der Zwanghafte *(beginnt zu stottern:)*
»Nein, kann ich nicht. Wie steh' ich denn da, wenn ich zugeben muß, daß du die Story mit den Papieren erfunden hast? So eine Blamage.«

Der Schizoide:
»Reg dich nicht auf! Du stotterst!«

Der Zwanghafte:
»Ich hab' Angst, das Falsche zu sagen. Aber du könntest reingehen.«

Der Schizoide:
»Ich glaub', du hast an Arsch offen. Machts doch euren Scheiß allein. Bin ich euer Sklave? Wo ist denn der Depressive? Lebt der überhaupt noch?«

Der Depressive:
»Wir hätten damals von der Brücke springen sollen, dann hätten wir das Problem gar nicht. Aber auf mich hört ja keiner.«

Ego:
»Da kommt einer! Den fragen wir. ›Könnten Sie für uns in die Botschaft gehen und was erledigen?‹«

Der andere:
»Sie kenne ich doch, Sie habe ich letzte Woche noch in der Pinakothek gesehen, in einem Bild.«

Ego:
»Das haben wir noch nicht gehabt, aber warum nicht? Wahrscheinlich bin ich aus dem Rahmen gefallen! Wo hing ich denn? Ich mein' natürlich nicht mich, sondern das Bild.«

Der andere:
»In der alten Pinakothek! Bei den alten Meistern.«

Ego:
»Glück gehabt, ich hätte ja auch bei den Abstrakten hängen können, als Kegel oder Quader. Alte Meister! Immerhin, sapperlot. Wer bin ich denn?«

Der andere:
»Kann ich nicht genau sagen.«

Ego:
»Ich auch nicht.«

Der andere:
»Ich glaube, ich habe Sie im Jüngsten Gericht gesehen.«

Ego:
»Richter oder Angeklagter?«

Der andere:
»Rubens.«

Ego:
»Also, bei Gericht war ich schon einmal, aber ich kann mich gar nicht daran erinnern, daß der Rubens auch da war. Aber immerhin, schön ist's, wenn man irgendwo hängt...«

Der andere:
»Jetzt kenn' ich Sie.«

Ego:
»Geh weiter! Ich Sie auch!«

Der andere:
»Wer bin ich?«

Ego:
»Sie sind ich.«

Der andere:
»Und ich bin Sie.«

Ego:
»Und ich bin immer der, der ich sein soll.«

Der andere:
»Und ich will immer der sein, der ich nicht bin.«

Ego:
»Schön, daß wir uns hier mal kennengelernt haben. Nur so kommen wir nicht weiter. Sind Sie vielleicht der Jonas?«

Der andere:
»Nein, den kenn' ich nicht!«

Ego:
»Ach, das ist interessant! Das ist jetzt zum erstenmal, daß Sie wissen, wer Sie nicht sind!«

Der andere:
»Ja. Merkwürdig!«

Ego:
»Immerhin. Einmal sind Sie nicht der, der Sie sein könnten.«

Der andere:
»Lassen Sie mich bitte in dem Bild verschwinden, das Sie sich von mir gemacht haben!«

Ego:
»Dazu müßte das Licht ausgehen!«

ENDE

Dieses Kabarettstück wäre ohne die tatkräftige Mithilfe von Rosi Aigner nie zustande gekommen. Sie hat das Manuskript dramaturgisch geordnet, wertvolle Anregungen gegeben und mich beim Schreiben kritisch begleitet. Dafür danke ich ihr sehr herzlich.

B. J.